Dados Internacionais de Catalogação na Publicação (CIP)
(Câmara Brasileira do Livro, SP, Brasil)

Inoue, Ryoki, 1947-
Caminho das pedras / Ryoki Inoue. — São Paulo : Summus, 1995.

1. Criação (Literária, artística etc.) 2. Teoria literária I. Título.

95-4839

CDD-801.92

Índices para catálogo sistemático:

1. Criação literária   801.92

Ryoki Inoue

O escritor com mais livros publicados no mundo conta
o segredo de seu método de trabalho

o caminho das pedras

summus editorial

O CAMINHO DAS PEDRAS
© Copyright 1995 © by José Carlos Ryoki de Alpoim Inoue

Capa:
Carlo Zaffellato/Paulo Humberto Almeida

Proibida a reprodução total ou parcial
deste livro, por qualquer meio e sistema
sem o prévio consentimento da Editora.

Direitos desta edição
reservados por
SUMMUS EDITORIAL LTDA.
Rua Cardoso de Almeida, 1287
05013 — São Paulo, SP
Telefone (011) 872-3322
Caixa Postal 62.505 — CEP 01214-970

Impresso no Brasil

À Nicole, esposa e companheira de vida,
cujo estímulo me encorajou a chegar até aqui.

Sumário

Apresentação 9
Introdução 11
Uma idéia maluca: escrever um livro 15
Como nasce a idéia 21
A escolha do tema 29
A pesquisa sobre o tema 35
Tipos e classes de trabalhos 43
O início da construção 49
Projeto — Fraude Verde 51
A base do projeto 63
Story-line 71
Argumento 73
O processo de criação 83
Conflito 87
Plot — o centro da ação dramática 91
Estrutura do romance 95
Diálogo 103
Conclusão 111
Uma palavra a mais: o prazer de escrever 115

Apresentação

Acho que o meu amigo Ryoki Inoue está ficando velho. Resolveu, de uma hora para outra, legar à posteridade o maior de seus bens: o segredo de como escrever tão bem e de forma tão veloz. Sorte de todos aqueles aspirantes a romancistas que vagueiam tontos pelo intrincado mundo dos *plots* e *underplots*, dos argumentos, construções de personagens e *story-lines*. Para estes, e também para qualquer pessoa interessada em literatura, *O caminho das pedras* oferece o que promete o título: um roteiro detalhado de como escrever um romance ao mesmo tempo bom e popular.

O caminho das pedras é o que se chama nos Estados Unidos de um livro do gênero *"how to"*, ou seja, um manual que permite ao leitor fazer, ele mesmo, algo que costuma comprar pronto. Mas, como se trata aqui de ensinar a escrever livros e não modelar camisas ou aparar sebes, é cabível a questão: quem é afinal o autor para se arvorar a tão delicada tarefa didática? Se Ryoki fosse um daqueles professores barbudos de Teoria Literária, metido em alguma universidade pouco conhecida, seria inevitável desconfiar de sua pretensão. Acontece que ele é provavelmente a pessoa mais indicada no Brasil para escrever uma obra como esta.

Ryoki Inoue é o famoso escritor dos mais de 1 000 romances publicados. Para ser exato, são 1 035 até agora. Com essa cifra campeã, ele figura no *Guinness, o Livro dos Recordes* — edição internacional inclusive — como o autor que mais escreveu e lançou livros até hoje no mundo. É claro que, se não entendesse do ofício que se propõe a ensinar, dificilmente teria chegado a esses números. Outra característica que habilita Ryoki a passar adiante suas lições é que seus livros cobrem praticamente todos os gêneros de ficção, do suspense ao faroeste, das histórias de amor às aventuras baseadas em fatos reais. Ele é um verdadeiro bamba em imaginar enredos e desenvolvê-los.

Em *O caminho das pedras*, partindo do princípio de que escrever um livro requer muito mais trabalho que inspiração, Ryoki não apenas revela sua técnica como também bate um papo amigo com o leitor. Alerta-o para as dificuldades que terá ao criar seu romance e para as armadilhas que encontrará no meio da empreitada. Passo a passo, vai descortinando o processo penoso mas recompensador de se vencer a famosa "síndrome do papel em branco", aquela em que a folha vazia olha para o escritor com ar de desafio e parece dizer: "Como é, não vai sair nada dessa cabeça?"

Com o método exposto em *O caminho das pedras*, torna-se bem mais fácil calar as ameaças do papel. Ainda bem que Ryoki não teme a concorrência.

Okki de Souza

Introdução

Na maior parte das vezes em que fui entrevistado, tanto pela mídia escrita quanto pela televisiva, perguntaram-me sobre o meu *processo criativo*.

Creio que seja até justo ter curiosidade de saber como um indivíduo consegue produzir uma média de 128 laudas por dia, laudas estas que formam uma estória no mínimo coerente e diferente das outras já escritas por ele mesmo...

Há que ter imaginação?

Sem dúvida.

E imaginação é um dom divino?

Não apenas...

A imaginação é, antes de tudo, o resultado de um intenso e muitas vezes exaustivo treinamento somado ao esforço de *metodizar* um processo de escrita que permita *criar um enredo* economizando o máximo possível de tempo e ganhando o máximo possível de linhas, sem prejudicar a qualidade da criação em si.

É bastante certa aquela famosa frase: *O sucesso é fruto de noventa por cento de suor e dez por cento de talento.*

Contudo, creio que seria melhor modificá-la um pouco: *O sucesso é fruto de noventa e oito por cento de suor, um por cento de talento e um por cento de sorte.*

Está certo, admito: já sei que os pessimistas mais radicais dirão que atribuí uma percentagem muito pequena para o fator sorte...

Mas, quero lembrar que ao homem cabe fazer a sua própria sorte, ou seja, não se deve dar muito crédito a essa história de *destino*.

É o esforço que acaba por fazer o destino de cada pessoa. E não a *simples vontade* de *entidades* ou *guias*, personagens estas um tanto quanto chegadas à pândega e que se divertem à larga observando de uma dimensão ainda completamente desconhecida por nós, míseros mortais, os nossos sofrimentos neste planeta.

Assim, é fundamental o sacrifício, o esforço, o deixar de lado momentos de lazer, de diversão, de sono...

É imprescindível que aquele que decide se dedicar a escrever, faça-o com toda a sua alma e com todo o seu corpo, lembrando sempre que é indispensável a *mens sana in corpore sano*.

O que, entre mil outras coisas, significa que o organismo tem de estar absolutamente íntegro para que a produção possa ser efetivamente boa.

Ou seja, nada de álcool, nada de drogas, nada de coisa nenhuma que *fabrique* uma situação mental falsa, que leve à irrealidade ou que traga à tona fantasmas que habitualmente estariam pacificamente *dormindo* no subconsciente.

Talvez alguns me perguntem o que tem a ver a saúde — entendida aqui como condicionamento e preparo físico — com o ato de escrever, especialmente se for levado em conta que um semnúmero de grandes escritores efetivamente não poderiam ser citados como exemplos de homens sãos.

Devo lembrar que estamos falando de escrever romances do tipo que os americanos gostam de chamar de *best-sellers*, sejam eles classificados ou não como obras de *pulp fiction*.

Ora, uma das características — seria uma *virtude*? — principais desse tipo de obra é que ela deve ser lida pelo público *de uma só vez*, praticamente sem qualquer interrupção.

É mais ou menos lógico que essa característica implique, automaticamente, uma escrita também rápida e... *de uma só vez*. O que infere a necessidade de um certo preparo físico, não é mesmo?

Há que se admitir que uma pessoa com um problema de dor nas costas por causa de um desvio na coluna ou de um simples enfraquecimento dos músculos paravertebrais não consiga ficar debruçada sobre o teclado de um computador por quatro horas seguidas e nem conseguirá ficar pelo mesmo espaço de tempo pesquisando em uma biblioteca ou nos arquivos de um jornal sobre o tema que pretende desenvolver como um romance.

Sim, pois a pesquisa é muito mais do que importante!

Uma outra característica de um *best-seller* é exatamente a sua *verossimilhança*, ou seja, a *semelhança com a realidade*, e isso só será possível se houver pesquisa e pesquisa muito bem-feita, diga-se de passagem.

É de se imaginar que seria um absurdo escrever em um romance ou novela cujo palco de ação seja a Segunda Guerra Mundial, por exemplo, que as armas usadas pelos aviões norte-americanos possuíam miras e aparelhos de colimação direcionados por raios laser ou que na batalha de Midway os japoneses estavam fazendo uso de armas bacteriológicas.

É verdade que estamos tratando de ficção...

Mas o fato de ser uma ficção não quer dizer que se possa inventar à vontade, não permite que se conte mentiras escabrosas como, outro exemplo, atribuir frases ou palavras a personalidades reais, frases estas que jamais poderiam ter sido ditas por elas.

Ora, para se obter um bom romance, uma estória que possa ser verossímil apesar de meramente imaginária, é preciso pesquisar.

Pesquisar sobre o que de fato aconteceu para que se possa inventar *o que poderia ter acontecido*.

Além disso, se essa argumentação quanto à necessidade de se *estudar o tema antes de começar a escrever* não for suficiente, gostaria de lembrar que me foi perguntado a respeito de *meu* processo criativo...

E ele está aqui, neste livro, exposto e posto, à disposição de quem quiser tentar fazer uso dele.

Talvez seja um pouco inadequado o termo *processo de criação*.

Creio que *criar* é um pouco mais do que apenas transportar para o papel uma idéia que se forma e dar-lhe uma configuração de conto, novela ou romance.

Melhor seria chamar de *método de estruturação*.

Enfim, não importa muito, não estamos preparando um livro para vestibular e muito menos para uma tese de doutorado.

Estamos tão-somente tentando transmitir, para pessoas que gostam de escrever e que ainda encontram alguma dificuldade em *montar* uma estória, a maneira mais simples que eu encontrei, depois de 1.035 livros escritos e publicados, para melhor e mais rapidamente poder trabalhar.

Evidentemente, estamos partindo do pressuposto que quem gosta de escrever e está pretendendo *criar* um livro, tenha pelo menos as noções básicas de gramática e ortografia. Por isso, não vamos nos ater a problemas dessa esfera técnica.

Assim, peço desculpas aos grandes mestres de literatura, peço que me perdoem os grandes *intelectuais* da arte de escrever e peço licença àqueles que, julgando-se donos de todo o conhecimento que existe sobre os métodos redacionais, já escreveram, antes de mim, sobre este mesmo tema.

Minha intenção não é contradizer ninguém, não é polemizar, não é desfazer ou desprestigiar quem quer que seja.

É, apenas, ensinar a quem quiser saber, o caminho das pedras...

O *meu* caminho das pedras.

UMA IDÉIA MALUCA: ESCREVER UM LIVRO

Um livro, como qualquer outro tipo de criação intelectual, parte sempre de uma *idéia*, de algum fato — concreto ou não — que nos impressiona e que nos leva ao desejo de *criar alguma coisa* sobre ele.

Porém, cabe perfeitamente a pergunta: *será a criatividade uma prerrogativa de todo ser humano ou será um dom de apenas alguns, mais privilegiados que os outros?*

Há inúmeras teorias que tentam explicar a criatividade, que tentam *balizá-la* e metodizá-la, sem contudo levar a respostas efetivamente convincentes.

Muitos estudiosos chegaram a provar que a criatividade teria como base um fator genético e outros comprovaram que fatores ambientais, educacionais e nutricionais podem influenciar tanto negativamente quanto positivamente no âmbito da criatividade do indivíduo.

É muito importante que se esclareça aqui que a criatividade e a inteligência podem até andar juntas mas não são interdependentes. Assim, não é obrigatório que um indivíduo seja parceiro de Einstein para ser criativo.

No entanto, é mais ou menos óbvio que uma pessoa inteligente *terá muito mais possibilidade de criar* do que uma outra, menos dotada intelectualmente.

O que é muito fácil de explicar: a velocidade de raciocínio de alguém com nível intelectual mais elevado é maior, a capacidade de memorização também é mais desenvolvida e, principalmente, é maior e melhor a capacidade de síntese, ou seja, a facilidade de coletar uma porção de informações e selecioná-las, excluindo as que não servem a um determinado objetivo, sem contudo *jogá-las fora*, mas sim arquivando-as em algum lugar do cérebro de onde serão *chamadas* quando isso se tornar necessário, não importa quando isso vier a acontecer.

Da mesma maneira, o grau de cultura também pode e deve andar de mãos dadas com a criatividade sem obrigatoriamente *escravizá-la* ou — que seja — *guiá-la* como se fosse um cachorrinho na coleira.

Criatividade é criatividade, é capacidade inventiva, é capacidade e condição imaginativas.

Cultura, conhecimento, raciocínio e inteligência são outras coisas, completamente diferentes e independentes entre si.

Dessa maneira, é perfeitamente possível que uma pessoa que não saiba ler, que não tenha a menor idéia nem mesmo de quem foi o ilustre e temerário descobridor do Brasil, consiga inventar uma estória simplesmente fabulosa.

Mas, daí a escrevê-la, o passo é longo...

Em contrapartida, um aspirante a Einstein — apenas para citar um homem universalmente reconhecido como *inteligente* — pode não ser capaz de, *intuitivamente*, criar um romance ou novela.

Contudo, é muito possível que ele, valendo-se de sua capacidade intelectual, acabe por conseguir *construir* um livro, tijolo por tijolo, andar por andar, livro este que até pode chegar a ser bastante bom.

Em resumo, no *processo criativo*, o ideal é poder associar — sem forçar qualquer interdependência — a *idéia* com a *inteligência* e a *cultura*.

Por que a cultura?

Simplesmente porque é através do *conhecimento* de fatos e de coisas, de experiências e de teorias, já devidamente vivenciados por outros, que podemos *montar* um arquivo de dados suficientemente rico para nos permitir a ousadia de escrever um livro.

Colocar no papel frases soltas e palavras que não se encadeiam em idéias fundamentadas não é escrever livro nenhum, mas sim, fazer o leitor perder tempo caminhando por páginas e páginas que saem do nada e chegam a lugar nenhum.

A obrigação primordial de um bom escritor, e em especial de alguém que pretende escrever um *best-seller*, é escrever e expor suas idéias de uma maneira que qualquer um entenda o que ele quis dizer, sem esforços maiores, sem a necessidade de recorrer a tratados de psicologia, de filologia ou do que quer que seja para poder passar, sem remorsos, de um capítulo para o outro.

Ouso afirmar que escrever não é simplesmente *pôr para fora* os sentimentos que vão pela alma do escritor.

Escrever é conseguir mostrar para os mortais comuns o que está atormentando ou alegrando o escritor. E de uma maneira concatenada, coerente e clara.

Parir uma obra é fazer nascer algo com forma, com vida e com características próprias. Não é dar à luz um ser amorfo ou disforme, somente compreensível para quem o criou.

O feto é a idéia. O escritor gesta essa idéia e a faz nascer. É durante esse processo de gestação que ele lhe dá a forma que poderá transformar uma simples idéia em uma obra literária no verdadeiro sentido da palavra, ou seja, algo que tenha *qualidade, originalidade* e *criatividade.*

De acordo com alguns pesquisadores, podemos definir *idéia* como sendo o resultado direto da capacidade imaginativa, o reflexo de qualquer conflito consciente ou subconsciente.

Entenda-se que o termo *conflito*, aqui, não deve ser entendido com a sua conotação de *disputa*, de *discordância. Conflito*, para nós, deverá significar o *conflito dramático*, que é o foco principal da ação dramática, o elemento que a determina e que gera toda a função e dá razão de ser à complexa *interação de informações* que tanto podem estar no nível consciente quanto no inconsciente.

Ou mesmo, nos dois.

Essa idéia — que jamais surge sozinha, isolada e soberana, mas mais freqüentemente aparece no meio de muitas outras que, de uma certa forma, fazem parte de um todo que constitui o *corpo da idéia propriamente dita* — necessita de elaboração, montagem, coordenação e concatenação.

A isso, a esse *trabalho sobre a idéia*, podemos chamar de *criatividade.*

A criatividade seria, portanto, a *lapidação* da idéia.

17

Certa vez, um psicólogo meu amigo disse que o homem tem, fundamentalmente, apenas um objetivo: o da sobrevivência. O que diferencia um homem do outro é a maneira como ele utiliza as armas de que dispõe para continuar vivo.

Ora, a diferença, portanto, está em *como* cada um faz para sobreviver.

Isso é a *originalidade*.

No campo literário, a imensa maioria dos romances tratam sempre do mesmo tema shakespeariano sobre o amor entre duas pessoas, amor irrealizável, dramático e triste que, por condescendência e capricho do Destino, pode ter alguns momentos de maior ou menor felicidade. Assim, podemos citar *Romeu e Julieta, Tristão e Isolda, Robin Hood, Gabriela Cravo e Canela, Ainda estamos vivos, O outro lado da meia-noite* e mais todos os outros que pudermos lembrar.

E, engraçado...!

Sem o menor receio de errar, muito pelo contrário, sempre com a certeza de estarmos corretos, dizemos que todos esses romances *são muito originais*.

A *originalidade* está justamente na maneira diferente como cada autor enfoca e conta a mesma estória e nos ingredientes que usa para *temperá-la*.

E quanto à *qualidade*, é o que de mais óbvio existe...

Uma obra só poderá ser um sucesso e se transformar em um *best-seller*, se tiver *qualidade suficiente para isso*.

O que quer dizer que ela terá de estar bem escrita, bem montada, sem erros gramaticais ou ortográficos e, acima de tudo, muito bem redigida.

Portanto, de nada adianta uma excelente idéia, uma boa montagem, se o autor não tiver a menor idéia do que seja *sujeito* ou *predicado*, se não souber como utilizar os pronomes e não conhecer nada sobre concordância verbal.

É fundamental lembrar que a gramática e a ortografia são o *acabamento* da obra e quanto melhor este for, melhor será o livro, melhor ele será aceito pelo público e pela crítica.

Não cuidaremos dessa parte, neste nosso livro.

Deixaremos a gramática e a ortografia para quem de direito, ou seja, para os professores de Português.

Por outro lado, não nos alongaremos aqui, em explicações — na verdade apenas tímidas tentativas — sobre a *criatividade*.

Essa matéria estará melhor em um tratado de psicologia ou em uma discussão em nível de seminário sobre o tema da capacidade mental humana.

Nós somos muito mais humildes...

Nosso objetivo é outro, é somente tentar metodizar a forma de se escrever um livro de ficção.

Logicamente, um *bom* livro de ficção, uma obra que se imponha por si mesma, que agrade o público leitor e traga, para o autor, a satisfação de vê-la comprada, procurada, criticada e elogiada.

Falamos em *crítica*...

Chega a ser inimaginável a importância da crítica...!

É através da opinião das outras pessoas que podemos saber se o romance ficou ou não ficou bom, se houve *furos* técnicos significativos ou, ainda, se o caminho que escolhemos para trilhar é o mais correto.

Está redondamente errado o autor que fala, orgulhoso: *vivo bem sem a crítica e a crítica vive bem sem mim... Deixemos as coisas da maneira que estão.*

Quero lembrar que a crítica, de fato, vive muito bem sem esse tipo de autor, mas ele, pobre diabo, jamais conseguirá sobreviver sem a crítica.

Assim, já conseguimos entender que, para a realização do sonho maluco de escrever um livro, é preciso ter, inicialmente, a *idéia* em si, a *criatividade* e a *originalidade*, qualidades fundamentais para que não sejamos acusados de plagiadores baratos.

COMO NASCE A IDÉIA

Muitas e muitas vezes perguntaram-me onde eu conseguia buscar tanta *inspiração* para escrever meus livros.

Devo dizer, no que pese alguns acharem presunção de minha parte, que jamais me preocupei com isso.

Na realidade, jamais procurei saber se estava inspirado ou não, no momento em que me dispunha a escrever um romance ou uma novela.

Havia, isso sim, a *necessidade* de escrever, fosse essa necessidade de ordem material ou de ordem espiritual.

Explico...

De *ordem material*, quando a necessidade dizia respeito à sobrevivência — comprar comida, pagar contas etc. —, e de *ordem espiritual*, quando sentia que um determinado tema *precisava ser escrito*, ainda que os editores não estivessem de acordo com ele do ponto de vista comercial.

Inspiração?

Não acho que seja correto utilizar *inspiração* como sinônimo de *necessidade*.

De qualquer maneira, para se escrever um livro é preciso partir de uma idéia e a caça às idéias é, sem a menor sombra de dúvida, uma das preocupações mais importantes, mais angustiantes e mais insistentes de qualquer escritor.

Onde buscar as idéias?

Como saber quais são as aproveitáveis?

Como fazer para, realmente, aproveitá-las?

É bom lembrar que o nosso rotineiro e muitas vezes modorrento dia-a-dia é formado por uma sucessão infindável de acontecimentos.

E acontecimentos não são outra coisa senão fatos geradores de idéias.

Basta saber vê-los.

Aliás, *saber ver*, ou *enxergar*, é muitíssimo importante para quem deseja se aventurar na literatura.

Muitas e muitas vezes, um fato que não nos impressiona de maneira nenhuma é a base para um romance de sucesso escrito por um outro autor.

Isso já ocorreu com todos os escritores, sem nenhuma exceção, e não pode ser considerado como motivo de vergonha ou de constrangimento para ninguém.

Afinal de contas, não somos obrigados a pensar exatamente da mesma maneira que um nosso vizinho...

É preciso entender que os homens são realmente diferentes entre si, ou seja, seus pontos de vista, bem como seus enfoques de cada um dos fatos que constituem o quotidiano, são diferentes de pessoa para pessoa.

Em assim sendo, algo que não mostra nenhuma importância para uns, para outros é simplesmente vital.

E é justamente daí que alguns extraem idéias geniais enquanto outros *ficam boiando*.

Contudo, temos de escrever um livro e, de repente, há um vazio na mente.

Parece que a cabeça está oca, que não há nada dentro.

E, no entanto, temos de encontrar uma idéia qualquer, é preciso, é necessário, é vital, é absolutamente fundamental, achar algum assunto sobre o qual poderemos escrever e desenvolver uma estória.

Para sair desse terrível e angustiante impasse, em primeiro lugar, vamos pacientemente começar a analisar os *focos de idéias prováveis e possíveis*.

Focos estes que normalmente estão dentro de nós e à nossa volta, miraculosa ou diabolicamente escondidos, como se por obra do próprio Satanás.

Antes de mais nada, devemos lembrar que temos o nosso próprio arquivo, a nossa *memória*.

Que será, evidentemente, tanto mais rica quanto maior for o nosso *mundo interior*.

Sim, pois é justamente esse mundo interior o maior responsável pela *capacidade de síntese* de que há pouco falamos, e que tem por função *captar, classificar, escolher e utilizar* as informações que vamos adquirindo à medida que caminhamos pela vida.

Todos nós vivenciamos, de uma maneira ou de outra, situações que podem merecer uma transcrição na forma de um romance.

No mínimo, são situações que *aparentemente* merecem ser levadas ao conhecimento do grande público, através das páginas de um livro.

Quantas vezes escutamos pessoas dizerem que *minha vida é uma verdadeira novela*?

Quase todos os seres humanos um pouco mais esclarecidos, *enxergam* o seu próprio mundo interior dessa maneira.

Sempre, com qualquer um, na vida que aparentemente possa ser a mais banal de todas, encontraremos argumentos e temas para vários livros...

O problema está em saber se esse *livro* será apreciado pelos leitores comuns, aqueles que compram livros — seja em livrarias, em bancas ou supermercados — e que acabam por transformar este ou aquele escritor em um *best-sellerista*.

Infelizmente, na maior parte das vezes, o que parece a alguém — principalmente o protagonista na vida real — ser espetacular e, portanto, digno de ser romanceado é terrivelmente subjetivo e não interessa a mais ninguém.

Não serve, portanto, de idéia para um livro.

Outras vezes, até que a idéia serviria, mas...

É tudo tão corriqueiro, tão simplório...

Pois é justamente aí que se pode enxergar o talento do escritor: a sua capacidade de transformar a banalidade em uma leitura interessante e apaixonante.

Fernando Sabino é mestre nessa arte e suas crônicas mostram um cotidiano banal de uma forma tão artística e tão bem estruturada que a banalidade desaparece, dando lugar a obras tão perfeitas que é muito difícil dizer qual de suas crônicas é a melhor.

O mesmo se diga de Rubem Braga e, deixando de lado os grandes cronistas, podemos incluir na *classe dos supergênios* o americano Harold Robbins, que, de uma simples intriga, de um acontecimento aparentemente sem nenhuma importância, é capaz de *montar* um romance do tipo *Ninguém é de Ninguém* ou *O Garanhão*.

Mas, falávamos de nosso arquivo pessoal e não de informações fornecidas por terceiros...

Em nossa memória há acontecimentos que ficaram marcados e que podem *precisar* ser postos para fora e mostrados ao mundo.

Às vezes, um trecho de nossa infância, uma passagem da adolescência, uma paixão da juventude, uma decepção já na idade madura...

Sempre há o que recordar.

E, se *recordar é viver novamente*, podemos dizer sem nenhum medo de errar que *escrever sobre uma recordação é perpetuar o passado*.

Ou, se vocês quiserem ser um pouco mais *elevados*, digamos que *escrever é materializar o mundo interior*.

Será mais adequado?

Pode ser, uma vez que uma das características mais sérias de um escritor é justamente possuir um mundo interior bem rico e, portanto, digno de ser — apenas em parte, vejam bem! — exteriorizado.

Por que *apenas em parte*?

Simplesmente porque a abertura total da alma, além de ser um procedimento metafisicamente errado, acaba por tirar completamente o suspense e a aura de mistério que deve envolver todo e qualquer escritor que pretenda se tornar um verdadeiro *bestsellerista*. Por exemplo, Rubem Fonseca esteve, durante muitos anos, absolutamente inacessível à imprensa e essa sua atitude acabou gerando um tal mistério ao seu redor que, quando o jornalista Eduardo Romulo Bueno, o *Peninha*, finalmente conseguiu entrevistá-lo, foi considerado um verdadeiro herói e a entrevista — na verdade trazendo muito pouca coisa excepcional ao conhecimento público — *alavancou* de maneira fenomenal as vendas dos romances do autor.

24

Voltando a falar das idéias que surgem a partir de informações de terceiros, devo lembrar que é preciso ter cuidado...

Muitas e muitas vezes, as mesmas pessoas que nos dizem que gostariam de ver suas vidas transcritas em romances, são as primeiras a nos condenar, dizendo que fomos indiscretos, inverídicos, exagerados, maledicentes e outros tantos adjetivos ainda menos agradáveis de se ouvir.

Ainda falando de informações obtidas do mundo exterior, temos de falar sobre os noticiários.

Os jornais e telejornais estão repletos de idéias excelentes, de temas os mais variados e que, já pelo simples fato de terem merecido espaço na imprensa, são assuntos que interessam ao grande público e que, portanto, merecem ir para as páginas de um romance ou novela.

Assim, por exemplo, nada melhor do que a notícia de um seqüestro espetacular para gerar um *thriller* fabuloso e que provavelmente terá uma excelente aceitação por parte dos leitores.

Uma outra maneira de se ter idéias é pesquisando.

Neste ponto, não se trata de pesquisar *a idéia em si*, mas sim de pesquisar o que o público tem como leitura, o que está sendo mais vendido e o que, diabos, está faltando.

Principalmente isto: o que está faltando escrever para agradar o público consumidor, de livros.

Através desse tipo de pesquisa, podemos ficar sabendo que o *mercado* está sentindo falta, por exemplo, de livros que falem sobre um novo tipo de super-herói ou, quem sabe, de um anti-herói.

Escrevendo criteriosamente sobre esse tema e procurando preencher corretamente essa *lacuna* na oferta literária, é quase certo o sucesso.

Especialmente quando, além da pesquisa, acontece uma *encomenda* de algum editor.

No ano de 1992, passei — muito agradavelmente, diga-se de passagem — por essa experiência, quando um grupo editorial nipo-brasileiro me encomendou a criação de um personagem que tivesse as características de um *samurai* moderno com alguma coisa da mentalidade de James Bond, criação imortal de Ian Fleming. Assim nasceu Mário Nogaki, *scoutman* nipo-brasileiro, cuja principal missão — na vida real do livro — era manter um pouco mais alto o moral dos *dekasseguis* brasileiros que estavam se matando de trabalhar no Japão.

Com tudo isso, pode-se ver que as idéias estão por aí...

Basta saber colhê-las.

E, é claro, fazer bom uso delas.

Aqui, entre muitas outras coisas, é preciso lembrar que a idéia é um patrimônio e dos mais valiosos.

Uma boa idéia vale muito dinheiro e eu sempre dou como exemplo aquela história do industrial brasileiro que foi visitar uma indústria química nos Estados Unidos e, depois de passear por toda a empresa e ver todos os funcionários trabalhando loucamente como se fossem formigas, foi levado ao último andar do edifício principal da empresa, onde um homem jovem, usando roupas esportivas, estava deitado em um sofá, a cabeça repousando no colo de uma belíssima mulher, ouvindo música e tomando uísque.

— Ele é o dono da empresa? — perguntou o brasileiro.

— Não — respondeu o cicerone.

— Então ele é um funcionário importante e está em hora de descanso — concluiu nosso patrício.

— Ele é de fato um funcionário importante — concordou o guia americano. — Mas não está em horário de repouso. Ele está trabalhando.

— Trabalhando?! — assustou-se o brasileiro. — Mas o que é que ele faz??

O americano sorriu e respondeu:

— Ele pensa... De vez em quando, tem uma idéia. E a última idéia que ele teve foi o isopor...

Pois é...

Se a história é verdadeira ou não, não nos interessa.

O fato é que serve para mostrar quanto pode valer uma boa idéia, não é verdade?

Por isso mesmo, não devemos, em nenhuma hipótese, menosprezar uma idéia, ainda que ela, a princípio, pareça ser inútil ou mesmo ruim.

Trabalhada, modificada, pensada e repensada, ela pode se transformar em algo genial e que vai significar a sua fortuna ou, no mínimo, o seu sustento por algum tempo.

Partamos do princípio que os intelectuais vivem de suas idéias e, portanto, elas são nada mais e nada menos que a matéria-prima de tudo quanto eles poderão produzir.

Ou seja, o seu ganha-pão.

Logo, não divulgar levianamente suas idéias já é um bom começo.

Registrá-las em cartório — no mínimo — é uma precaução mais adequada.

Desenvolvê-las até o final, essa é a atitude mais certa.

O livro, depois de publicado, é o patrimônio do autor.

Patrimônio material e intelectual.

De ambas as maneiras, absolutamente indiscutível, desde que a idéia geradora tenha sido devidamente cuidada, guardada, protegida, registrada.

A ESCOLHA DO TEMA

Ter a idéia para escrever um livro não significa, obrigatoriamente, que se tenha em mãos o *tema* da estória.

Digamos que a idéia é a *fonte* e o tema é a *água* que ela pode nos dar.

Fazer bom uso dela é o correto e completo *aproveitamento* do recurso.

Não é necessário dizer que da boa escolha do tema depende em grande parte o sucesso da obra, ou seja, a possibilidade de o livro vir a se tornar um *best-seller*.

Não é segredo para ninguém o fato de ser absolutamente inútil ter uma boa idéia se o tema escolhido — ou encontrado — for maçante, ultrapassado ou, ainda, impossível.

E, infelizmente para nós, escritores, nada é mais fácil do que descobrir, de repente, que aquele tema que nos pareceu ser genial, fantástico e formidável, não interessa a ninguém a não ser a nós mesmos.

Portanto...

Não serve como tema para um *best-seller*...

Claro que vocês têm o direito de perguntar onde está a nossa independência opinativa, onde está a nossa liberdade de escrever sobre o que bem quisermos...

De fato...

Escrever sobre qualquer coisa, nós podemos.

O que interessa é saber se o editor também pensa dessa maneira e, o mais importante, saber se o público vai comprar o livro...

Para o escritor de *thrillers*, o tema tem de ser praticamente *ditado* pelo gosto dos leitores e pela *necessidade de mercado*. Inclua-se aí a *oportunidade situacional*, ou seja, *a moda*. Assim, em um momento histórico em que tudo leva a se falar de seqüestros, por exemplo, é mais facilmente aceitável um romance cujo enredo gire sobre esse assunto, do que um outro, que fale sobre conquistas espaciais.

O que, evidentemente, não quer dizer que não se deva escrever sobre qualquer outra coisa que não seja raptos, seqüestros e resgates, muito pelo contrário.

Como acabamos de falar, existe a tal *liberdade* e *independência*.

Mas também existe algo muito sério que se chama *mercado* e é justamente dele que nós, os escritores que decidiram realmente viver daquilo que produzimos, conseguimos viver.

Assim, apenas estamos levando em consideração que a *tendência do leitor* será a de *procurar ler sobre o tema da moda*.

E é por causa da moda que certos temas — aliás, excelentes — acabam ficando ultrapassados.

Um bom exemplo de *tema ultrapassado* ocorreu há poucos anos, com o término oficial da guerra fria.

Todos os temas de espionagem internacional — espionagem política, bem entendido — ficaram ultrapassados e tiveram de ser substituídos por temas de *espionagem industrial e empresarial*.

Conseqüentemente, isso foi um problema dos maiores para a imensa maioria dos autores norte-americanos e ingleses, de *thrillers* sobre espiões, códigos secretos, maletas tipo James Bond e coisas tais...

É claro que há temas que jamais *saem de circulação*.

O amor é um deles.

Romances que falam de felicidade entre dois amantes, que dizem dos conflitos que surgem em um triângulo amoroso e que giram em torno de sexo — seja explícito ou não — nunca deixam de ser atraentes, em especial para um determinado grupo de leitores que buscam mais lazer e distração do que um efetivo *comprometimento* com a estória que estão lendo.

É esta a famosa *literatura descartável* ou *literatura de lazer* a que se referem, muitas vezes jocosamente, alguns críticos literários, esquecendo-se que, querendo eles ou não, esse tipo de obra também pode ter o seu valor, não apenas como fonte primária de lazer mas também como fonte de ilustração para os leitores.

Já a partir desta última qualidade, o livro, ainda que *descartável*, passa a apresentar o seu *valor literário*.

Volto a repetir: o drama shakespeariano de Romeu e Julieta jamais cairá de moda, mesmo porque reflete não apenas o cotidiano amoroso mais puro e, por isso mesmo, banal, mas principalmente a fantasia de amor que existe em todos nós.

Fantasias estas que têm o dom de transformar a banalidade em complexidade...

Dessa maneira, escrever sobre esse tema exige apenas uma boa dose de *originalidade*, para que não se reproduza *xerograficamente* os mesmos diálogos e as mesmas situações vividas pelos dois protagonistas do mais famoso de todos os dramas.

Muitas vezes os noticiários políticos nos trazem idéias formidáveis para o desenvolvimento de um romance.

Estas idéias, vindas de informações verídicas e com boas fontes referenciais, podem levar a temas realmente eletrizantes e interessantes como, por exemplo, as fraudes *descobertas* e *deslindadas* pela Comissão do Orçamento...

Sem dúvida nenhuma, é até fácil escrever sobre esses assuntos e é muito provável que a aceitação do trabalho seja bastante boa.

Porém, há que se ter cuidados: em primeiro lugar, é muito importante lembrar que, no meio político, seja no Brasil, seja em que país for, *a realidade dos escândalos sempre supera de longe a ficção* e, enquanto o autor se ilude, pensando estar *inovando*, os políticos e demais protagonistas dos extraordinários acontecimentos da vida real já o superaram em imaginação e criatividade, há muito tempo.

É a tal história de ir plantar o milho enquanto eles já estão comendo a broa de fubá...

Além disso, nos temas políticos, especialmente os nacionais, sempre é preciso levar em consideração que a própria imprensa costuma esgotar o assunto e, dessa maneira, *cansar* o provável leitor que, depois de quinze dias lendo e ouvindo sobre um determinado tema, já não quer nem mais passar por perto de uma banca onde os jornais mostrem, em letras garrafais, aquele escândalo, quanto mais comprar um livro que ficcione sobre esse mesmo tema...!

Esse leitor estará querendo ler sobre qualquer outro assunto, podem ter certeza disso!

O mesmo costuma acontecer com temas excessivamente chocantes quanto à violência: o povo prefere não ler sobre isso, já chega o que saiu nos jornais.

Esses assuntos normalmente dão bons *thrillers*, mas é preciso saber administrá-los para que se transformem em sucesso e não em uma exposição dolorosa de mazelas sociais.

Existe, entre um certo grupo de intelectuais brasileiros — infelizmente um grupo ainda bastante grande —, uma terrível e desagradável tendência à exaltação da miséria. E fazem isso com tanta insistência, que chegamos a pensar que esses autores não são capazes de escrever sobre nenhum outro assunto.

Ou então, que eles morbidamente se comprazem em ver, estudar, falar e relatar a miséria do nosso país.

Certo que se deve falar sobre ela.

Um dos grandes erros que os intelectuais podem cometer é tentar tampar o sol com uma peneira.

E não falar sobre a miséria em um país onde, infelizmente, existe uma imensa quantidade de seres humanos que vivem na mais absoluta pobreza é tentar esconder a verdade.

Logo, deve-se falar sobre a pobreza e a miséria.

Porém, mais certo ainda é combatê-la e com todas as armas disponíveis na nossa sociedade, inclusive e principalmente com o intelecto daqueles que são mais privilegiados nessa qualidade.

Porém, do ponto de vista de quem deseja se tornar um *best-sellerista*, um autor de *thrillers* realmente vendáveis, a miséria *não pode ser exaltada e no máximo pode ser combatida, em especial com a comparação com a riqueza.*

Paradoxal?

Radical?

Nem tanto, se lembrarmos que o leitor *deve* se identificar não apenas com o protagonista ou pelo menos com um dos personagens da estória mas, também e primordialmente, com o *ambiente em que a estória se desenvolve.*

E ninguém gosta de se identificar com um miserável, com um favelado ou, que seja, um pobre de espírito.

Muito pelo contrário, ele quer se identificar e se assemelhar ao herói, rico, bonito, cercado de comodidades e de prazeres.

Isso é absolutamente normal e humano. Portanto, deve estar presente no pensamento de quem está pretendendo escrever um *best-seller.*

O leitor de *thrillers* quer fantasiar, quer se transportar para o interior do livro que está lendo e, para que isso seja uma operação agradável, a miséria pode e deve ser citada, mostrada... e combatida.

E vejam bem: a miséria deve ser citada *com moderação.*

Dificilmente um *thriller* terá como *fundamento filosófico subliminar* a solução de um problema social.

Daí, a miséria, o lado ruim e azedo da vida jamais deverão ser exaltados.

Vejam bem, repetimos e enfatizamos: o que estamos afirmando aqui não vale para os romances psicológicos profundos, para as obras de cunho eminentemente sociológico; vale tão-somente para aqueles livros que visam o lazer do leitor, que procuram transportá-lo para um mundo fantasioso, agradável e que — ao menos em sonho — realize as suas aspirações de grandeza e suas fantasias de vida, estejam elas no campo material ou puramente no campo emocional.

Com tudo isso, podemos reafirmar que a escolha do tema é fundamental para o sucesso — aceitação pública — de uma obra.

E podemos nos dar o direito de achar que o futuro escritor de *thrillers* está começando a ficar assustado, imaginando quanto é difícil encontrar um bom tema a partir de uma idéia que lhe pareceu ser, a princípio, simplesmente genial.

Pois não se assuste.

Todo e qualquer tema é válido, bastando, para que ele o leve ao pódio do sucesso, um bom tratamento e uma boa administração.

A PESQUISA SOBRE O TEMA

Uma das exigências do público apreciador de *thrillers* é a verossimilhança.

Como diz o nome, *verossimilhança* é a semelhança com a verdade, ou seja, a *possibilidade de ter realmente acontecido ou de vir, de fato, a acontecer* o que é narrado na estória.

Assim, por mais que se dê a desculpa de que tudo não passa de ficção — a menos que se trate de algo assim como o realismo fantástico —, não é válido colocar Mozart vivendo no século XX ou, o que é pior, imaginar a CIA como se fosse uma instituição financeira.

É claro que existem as exceções...

Encontramos muitos romances — e dos bons! — que falam de situações absolutamente impossíveis de terem acontecido.

Porém, esse tipo de ficção é especial e não estamos tratando dele.

Estamos falando de um livro que tenha condições de se transformar em um *best-seller* e baseado em fatos da vida real, uma vez que a *idéia inicial* foi tomada do cotidiano ou de arquivos de pesquisa.

Estamos limitando?

Não.

Estamos apenas *delimitando* o nosso campo de ação literária, estamos *controlando* e *domando* nosso impulso criador, impedindo-o de extrapolar as raias do que é *normal* ou, pelo menos, daquilo que é *possível*.

35

Um bom *thriller* precisa estar o mais próximo possível da realidade, justamente para que o leitor possa, com mais facilidade, se identificar com o protagonista ou com um dos personagens e possa se localizar no tempo, no espaço em que ocorre a ação dramática, bem como precisa se localizar e integrar o ambiente particular do protagonista no decurso da ação dramática.

Ora, não é possível obter verossimilhança sem pesquisa, mesmo porque esta qualidade do trabalho precisa ser, no mínimo, relativamente exata.

Isto quer dizer que não podemos *chutar* a descrição de uma igreja ou de uma cidade cujos nomes verdadeiros estão sendo citados. Muito pelo contrário, é preciso ter um perfeito conhecimento de todo e qualquer assunto *realmente verídico* ou *de fato existente*, sobre o qual se vai falar.

Escrever que uma determinada praça, por exemplo, a praça Buenos Aires, em Higienópolis, cidade de São Paulo, se encontra na Freguesia do Ó, é um erro crasso que tira por completo toda a credibilidade do romance e do romancista.

Erros geográficos são muito comumente cometidos e, no que pese sabermos que a imensa maioria das pessoas não possui conhecimentos de geografia suficientes para perceberem certos detalhes — por exemplo, ao descrever o trecho da Serra do Mar entre São Luiz do Paraitinga e Ubatuba, falar sobre o Bairro da *Cascatinha* em vez de Cachoeirinha —, devemos ter sempre em mente que provavelmente *um* leitor que conheça a região a fundo poderá aparecer.

E morrerá de rir ao ler que o protagonista de nossa estória passou por Cunha e por Lagoinha em sua viagem *urgente e apressada* de Taubaté a Caraguatatuba.

Ou, o que ainda seria pior, de São José dos Campos a Campos do Jordão.

Dentro da imensa gama e variedade de erros ditos *geográficos*, encontramos as formidáveis e risíveis falhas descritivas.

Assim, por exemplo, vemos com muita freqüência citações sobre a Amazônia, dando conta de que tudo ali não passa de uma imensa planície coberta por árvores enormes e seculares.

Não se menciona os morros e montanhas, não se fala das zonas alagadas, não se fala das grandes áreas onde não cresce nada além de vegetação rasteira depois da passagem criminosa do homem branco.

E há coisas ainda mais hilariantes, como por exemplo dizer que o Arco do Triunfo fica na Inglaterra ou que a Muralha da China separa a China do Japão...

Além dos erros geográficos, acontecem também os erros históricos.

Já tive a oportunidade de ler, em romances escritos por autores muito bem considerados e conceituados, coisas verdadeiramente inacreditáveis e que me omito de aqui citar para não causar situações constrangedoras.

Limito-me apenas a comentar que *com a História não se pode brincar.*

Se vamos citar um fato histórica e documentalmente comprovável, que ele seja exato.

Se vamos teorizar ou, que seja, *supor* sobre um fato histórico que poderia ter acontecido desta ou daquela maneira ou, ainda, se vamos *interpretar* um determinado acontecimento da História de um povo, temos de estar solidamente alicerçados em pesquisas e em conhecimento sobre o assunto para que não corramos o risco de cair no ridículo.

Datas são datas, precisam ser respeitadas e é sempre conveniente citá-las para que o leitor possa se localizar no tempo da ação dramática com maior facilidade.

Quantas e quantas vezes não lemos um romance e, depois do terceiro ou quarto capítulo, ainda não conseguimos definir quando é que a estória se passou...!

Ora...

Sei muito bem que, mais uma vez, há exceções.

Estas estão nos romances em que o autor faz absoluta questão de não definir o *quando*.

E não nos é proibido imaginar que ele só não disse datas por uma questão de insegurança...

Maldade minha?

Talvez...

Mas não custa nada dizer, ainda que *en passant*, quando foi que a estória, que ele imaginou, se passou.

Ou se passará, se a ação dramática estiver localizada no futuro.

Muitas vezes somos tentados a ficcionar sobre fatos ocorridos um ou dois séculos atrás.

Como a pesquisa se torna necessária...!

Precisamos lembrar que não foi apenas a História que atravessou o tempo mas, também, que o tempo passou pelos lugares onde estamos fazendo acontecer a ação dramática.

Assim, além de conhecer o que aconteceu e o que estava acontecendo com aquele povo, com aquele país, na época em que localizamos a nossa estória, é preciso saber quais foram as modificações que o passar dos anos causou àquele lugar. Igrejas existiam naquela época que hoje já não mais estão de pé, cidades inteiras foram destruídas por guerras, furacões e terremotos, ferrovias foram construídas e depois abandonadas...

Enfim, independentemente da *quantidade de tempo*, ocorrem sempre inúmeros acontecimentos que só vamos saber se pesquisarmos sobre essa época.

Pesquisar muito cuidadosamente é um princípio que só pode fazer bem ao nosso produto final, que é o livro.

E, claro, é fundamental usar para as pesquisas, material adequado: mapas da época, livros que falem clara e precisamente sobre aqueles anos, dados exatos sobre os costumes e até mesmo sobre as modas e os modos...

Por outro lado, há que se tomar muito cuidado com os *erros de tecnologia*.

São erros que poderiam ser enquadrados dentro dos *erros históricos* mas, pessoalmente, prefiro qualificá-los à parte.

Eles são mais freqüentes nos livros de ação, nas aventuras movimentadas e com um certo grau de violência, quando o autor trata de armas de fogo, de automóveis, de aviões, helicópteros, computadores e toda essa parafernália tecnológica que, nas telas dos cinemas, fazem o delírio dos espectadores.

Dentro desses erros, podemos citar a confusão de calibres de armas, a procedência e a potência de determinados tipos de armamentos — uma pistola alemã, Luger calibre 9 mm, por exemplo, não tem capacidade de perfurar a blindagem de um tanque, nem mesmo de um tanque leve e ligeiro —; a velocidade final de certos automóveis — um Rolls-Royce não consegue acelerar até 200 km por hora em uma estrada cheia de curvas —; e o desempenho *off-road* de certos veículos — um jipe Toyota, por melhor que seja, não consegue atravessar um pântano e é absolutamente impossível um helicóptero executar uma manobra de *looping*.

Nos filmes, até pode valer o *mocinho* disparar trinta tiros sem recarregar a arma: pode-se supor que ele o tenha feito em um momento em que a câmera não o estivesse focalizando.

Em um livro, é fundamental contar os disparos e dar oportunidade ao protagonista, seja herói ou anti-herói, de recarregar sua arma.

Da mesma maneira, *é preciso saber onde e como disparar, para de fato neutralizar o adversário.*

Lembremos que um tiro de calibre 32 não é suficiente para *parar* o inimigo, a menos que o acertemos na cabeça.

O mesmo vale até mesmo para calibres maiores, quando o alcançamos no abdome, no hemitórax direito ou nos ombros.

O truque: atirar para matar, sempre na cabeça e com grossos calibres.

Ou, então, usar uma escopeta calibre doze...

Mas isso é muito violento!

Pior do que isso, só quando não se sabe mais o que fazer com um punhado de bandidos e então metemo-los todos dentro de um vagão ou de um caminhão e o detonamos com uma carga de TNT...

Coisas ótimas para filmes norte-americanos bem pouco intelectualizados...

Mas falemos de coisas mais sérias.

Quando estamos escrevendo um livro e temos de entrar em detalhes quanto a equipamentos, é muitíssimo importante lembrarmos da data em que ocorre a ação dramática.

Não teremos perdão se colocarmos um helicóptero fazendo resgates de feridos durante a Primeira Guerra Mundial ou se descrevermos combates aéreos com caças *Migs* e *Sabres* em 1941...

Para que esses erros não aconteçam, só há uma receita: pesquisar.

Pesquisar exaustivamente, montar um banco de dados, consultar jornais, enciclopédias, compêndios, tratados...

E não ter vergonha de perguntar a quem sabe mais, pois, afinal de contas, ninguém nasce já dono do conhecimento, ninguém nasce sabendo!

Assim, podermos dispor de uma boa orientação para a pesquisa é fundamental para que não percamos tempo: devemos lembrar que estamos escrevendo um *thriller* que deverá ser entregue ao editor o quanto antes para que não percamos o *timing* de lançamento da obra.

De que adianta escrever sobre a Guerra do Golfo Pérsico e publicarmos o livro mais de três meses depois de seu término?

Os *minute-books* são uma excelente maneira de levar ao público ficções a respeito de fatos recém-ocorridos e que ainda estão *quentes*, despertando um elevado grau de interesse dos leitores.

E esse tipo de literatura é fruto de setenta por cento de pesquisa e apenas trinta por cento de imaginação.

Com cem por cento de chance de ser maravilhosamente bem aceito.

Assim, na metodização da pesquisa, arrisco-me a sugerir uma divisão da mesma em cinco etapas: a pesquisa de mercado, a pesquisa geográfica, a pesquisa histórica, a pesquisa sociológica e a pesquisa tecnológica.

A *pesquisa de mercado* é aquela que é feita assim que se tem a idéia.

Será que a idéia é boa?

Será que o tema tem interesse para o público?

Será que é algo vendável?

Será que o público vai comprar o livro?

Que tipo de público estarei tentando alcançar?

Essas respostas só poderão ser obtidas se perguntarmos diretamente às pessoas que constituem pelo menos uma amostra do universo do público leitor.

Acredito que uma população de trinta pessoas seja suficiente para se ter no mínimo uma avaliação grosseira da *qualidade* da idéia, especialmente se essas trinta pessoas forem bem diferentes entre si, pertencendo a grupos socioculturais diferentes e com diversos graus de padrão financeiro.

Se mais da metade delas achar que a idéia é boa, muito provavelmente ela é boa mesmo e merece ser desenvolvida na forma de livro.

Além dessas pessoas, que podemos chamar de *leitores-padrão*, temos de submeter nossa idéia à apreciação dos editores e da mídia, lembrando sempre que o *feeling* dessas duas *castas* muito especiais de pessoas é bem diferente da média e, assim, um julgamento negativo delas pode e deve invalidar uma média de opinião positiva dos leitores-padrão.

Afinal de contas, quem publica — ou seja, quem faz com que o livro saia do sonho e chegue à realidade — é o editor e quem o divulga é a mídia.

A *pesquisa geográfica* tem por objetivo impedir que se cometam erros de localização e facilita as descrições — imprescindíveis, desde que leves — do cenário onde transcorre a ação dramática.

Falei *leves*...

E é exatamente isso o que eu quis dizer.

Uma descrição não pode ser detalhada demais.

Ao leitor comum não interessa saber pormenores ínfimos, tais como a cor e o formato das pedras do caminho, a menos que esses dados tenham alguma importância marcante na essência da estória.

Basta saber que o *caminho tinha pedras multicoloridas e das mais variadas formas*.

Por outro lado, a descrição também não pode ser *pobre* demais.

No exemplo citado, dizer apenas que havia um caminho, o leitor pode imaginá-lo até mesmo asfaltado...

Na pesquisa geográfica devemos incluir a fauna e a flora, a arquitetura, a decoração, o trânsito nas ruas, as rotas aéreas, marítimas, ferroviárias ou rodoviárias, os horários de trens, aviões, ônibus e navios, e tudo o mais que implique a possibilidade de fazer com que o leitor *viva* o mais intensamente possível o *momento* da ação dramática.

A *pesquisa histórica* visa à boa localização da nossa estória no tempo, além de impedir que aconteçam erros históricos graves e que desacreditariam completamente o autor.

Uma função secundária dessa pesquisa seria mostrar ao público leitor que o livro em questão foi *trabalhado*, é fruto de um esforço intelectual e não apenas um amontoado de palavras e frases que, ainda que tenham nexo, não possuem nenhuma profundidade.

A *pesquisa sociológica* — que poderia perfeitamente fazer parte da pesquisa histórica — tem por objetivo possibilitar a visuali-

41

zação da situação humana dos personagens e, especialmente, dos protagonistas principais.

É um estudo mais aprofundado do *modus vivendi* da época em que se passa a estória, com vistas muito cuidadosas para o comportamento das pessoas e para a moda de então.

Seria um bocado estranho colocarmos um fidalgo português no final do século passado, fumando um charuto diante de senhoras...

E mais ainda, em um restaurante.

Ou, então, um jovem dos anos 90 — século atual, é claro — beijando a mão da mãe da namorada ao ser apresentado a ela.

Isso pode até ser educado mas...

Está completamente *demodé*.

Finalmente, a *pesquisa tecnológica* possibilita a correta descrição de equipamentos, técnicas, artes, procedimentos médicos, e tudo o mais que implique de alguma maneira o grau de evolução do conhecimento e da tecnologia na época em que se dá o percurso da ação.

Essas descrições, por sua vez, auxiliam o leitor a vivenciar mais *concretamente* os acontecimentos narrados na estória e a melhor compreender a ação dramática.

Convém lembrar, contudo, que nem todos os leitores são especialistas em equipamentos ou em alta tecnologia.

Daí ser de todo conveniente não especificar demais, não detalhar em excesso...

Enfim, não confundir um livro de ficção com um tratado sobre um assunto qualquer.

Descrever, por exemplo, a suspensão dianteira de um Mercedes Benz e gastar com isso dez páginas, além de ser extremamente maçante para a maioria dos leitores, é um redondo absurdo e uma autêntica *encheção de lingüiça*.

TIPOS E CLASSES DE TRABALHOS

Quando falamos de livros de ficção, temos uma primeira impressão de existir uma infinidade de *tipos* e de *classes* de trabalhos que redundariam todos no que se costuma chamar de *romances* ou *novelas*.

A realidade, no entanto, é um pouco diferente.

O romance *Gabriela, Cravo e Canela* é da mesma classe de *A Moreninha*, que é da mesma classe de *Ninguém é de ninguém* ou de *79, Park Avenue*, ou ainda *Do outro lado da meia-noite*.

Deu para perceber o arrepio dos professores de literatura?

Acontece que não estamos classificando os romances levando em conta *escolas literárias*.

Estamos apenas levando em consideração *a classe de tema utilizado, a espécie de conflito* que gerou a estória.

E, para acabar de eriçar os pêlos dos professores — meu pobre professor de português, a esta altura, deve ter dado uma volta completa no túmulo —, vou dizer que a edição popular da *Bíblia Sagrada* é do mesmo tipo que *Os colts de McLee*, meu primeiro bangue-bangue...

Vamos tentar explicar.

Baseado em minha experiência pessoal, tipifico os livros de ficção em dois tipos: os *pocket-books*, com 10,5 cm × 15 cm e miolo em papel jornal — hoje muito chamados de *pulp fiction books* — e os *livros normais* — em formato 14 cm × 21 cm, com miolo em papel *off-set* 75 ou 90.

43

Claro que há outros formatos, mas já são elucubrações editoriais...

O Nome não importa em formato 16 cm × 23 cm ficará mais parecido com um livro técnico do que com o romance místico-espiritualista que, de fato, é.

Da mesma maneira, não dá para conceber o *Tratado de Anatomia Topográfica* de Testut, em formato 10,5 cm × 15 cm.

Os livros de 10,5 cm × 15 cm, mais populares, de preço mais baixo, formam no Brasil o universo dos *livros de bolso* e, nem por causa disso, merecem menos consideração.

A meu ver, dizer que todos eles são *subliteratura* é injusto e mostra uma total ignorância literária de quem o diz.

Mesmo porque, conhecer literatura não é apenas saber os clássicos, seus títulos, seus autores, seus estilos.

Muito menos é ter na ponta da língua os últimos lançamentos em edições de luxo...

Luxo que muitas vezes não passa de lixo.

Conhecer literatura a ponto de se dar o direito de qualificar esta ou aquela obra como *subliteratura* é saber, de fato, o que representa um livro — qualquer que seja — para a história e evolução intelectual de um povo.

Saber literatura é saber separar o joio do trigo, grão por grão e não aleatoriamente.

Por que esse preconceito?

Será que aqui no Brasil ainda achamos que a literatura, obrigatoriamente, é um lazer exclusivo das *elites intelectuais*?

Um *pocket-book* pode conter material literário tão bom e muitas vezes até bem melhor do que muitos livros de luxo...

Basta, para isso, que o seu autor tenha, em sua execução, o mesmo cuidado e carinho que teria para escrever um livro de encadernação e acabamento gráfico luxuosos.

E, além disso, é necessário que os editores brasileiros de *pocket-books* se disponham, de uma vez por todas, a publicar *apenas os bons* e não todo e qualquer material que lhes é enviado, sem nem mesmo verificar se o que está escrito tem nexo ou não.

Quantas vezes li *pockets* em que um malfeitor morria no começo do livro e *ressuscitava* misteriosamente dois ou três capítulos depois!

E quantas vezes não vi absurdos incríveis nesses livrinhos que deveriam ser extremamente bem-feitos principalmente porque o público que os lê tem mais necessidade do que qualquer outro de receber informações corretas...!

Absurdos tais como um cavaleiro sair de Denver e *galopar ininterruptamente* até San Francisco... passando por Amarillo e depois por Saint Louis!

Ou então, um espião russo que vai para os Estados Unidos e desembarca no Aeroporto Charles de Gaulle...!

Um livro publicado com esse tipo de erro depõe contra o autor, contra o editor e prejudica o leitor, pois está passando informações completamente erradas e absurdas.

Não pode acontecer.

Só que, aqui no Brasil, essas coisas e esses absurdos ainda são muito comuns.

Nos Estados Unidos, na França, na Inglaterra, na Espanha, tal fato não ocorre, pois o autor que tem a coragem de escrever barbaridades desse gênero nem sequer chega a ser publicado. E, na eventualidade de a idéia do livro ser muito boa, o editor trata de contratar um *ghost-writer* para reescrevê-lo.

Nesse ponto, tenho minha consciência tranqüila: durante os cinco anos em que escrevi 999 *pocket-books*, sempre procurei transmitir informações absolutamente corretas, informações estas que foram frutos de longas e insones noites de pesquisas até conseguir formar um banco de dados suficientemente grande para satisfazer minhas necessidades.

Na realidade sempre considerei — e hei de continuar considerando — o *pocket-book* como um livro de extrema importância social e cultural.

Para um grande número de pessoas, é o início de sua *carreira de leitor*.

É no *pocket-book* que elas começam a *aprender a ler* para, quando já estiverem mais *treinadas*, se aventurar em *vôos mais longos*, em leituras maiores e mais profundas.

Por tudo isso, acho que esse tipo de literatura — e que seja chamada de literatura descartável, isso não afeta em nada o seu valor como meio de proporcionar lazer saudável e fértil — merece um pouco mais de consideração.

45

Consideração de todas as partes: dos próprios autores, dos editores, dos críticos e dos leitores de modo geral.

Dos autores, o *pocket-book* espera mais dedicação e menos mercenarismo.

Produzir, sim, mas coisas boas, bem-feitas, bem escritas, bem estruturadas.

Dos editores, mais carinho e muito mais severidade na seleção dos trabalhos de maneira a não se deixar passar aquilo cujo lugar certo seria no máximo — e para ser delicado — a cesta de lixo.

Dos críticos, mais compreensão e mais cautela na análise do que existe em matéria de *pulp fiction books*.

Inegavelmente há muita coisa boa e, portanto, generalizar qualificando todo e qualquer trabalho em formato *pocket* como subliteratura é, no mínimo, crueldade e precipitação.

Lembrar que, como em todo e qualquer formato de livro, entre os pequenos, baratos e humildes *pockets*, também há obras excelentes dentro da finalidade a que se destinam e é função do crítico ser imparcial, ter total isenção de espírito e estar acima de todo e qualquer preconceito. Há até a *Bíblia Sagrada*, que é do mesmo *tipo* — livro de bolso — que *Os colts de McLee*.

Que os críticos e a mídia enalteçam os bons e crucifiquem os ruins!

Esta é a atitude correta.

Dos leitores, os bons autores desse tipo de livro esperam a seleção.

Esperam que o próprio público repudie o que não presta e divulgue o que é realmente um trabalho com valor literário, ainda que apenas em nível popular, e sem nenhuma pretensão aos pódios da intelectualidade.

Ou da *pseudo-intelectualidade*...

Tanto os *pocket-books* quanto os *livros normais* em 14 × 21, quando obras de ficção, podem ser classificados, quanto ao seu tema, em nove grandes grupos: aventuras, estórias de amor, policiais, espionagem, guerra, ficção científica, realismo fantástico, terror e faroeste.

Pode-se perguntar por que os livros sobre faroeste estão classificados à parte e não incluídos no grande grupo de livros sobre aventuras.

46

Acontece que as estórias sobre o faroeste obedecem a uma metodologia especial para a sua estruturação e pode-se dizer que o bom faroeste só é mesmo bom porque foi escrito por um *especialista* no assunto.

O bom autor de *westerns* precisa ter um amplo conhecimento sobre a geografia da América do Norte — não apenas do Oeste dos Estados Unidos —, uma bem fundamentada noção de História, no mínimo noções de sociologia, antropologia e política concernentes àquela época e conhecimentos avançados sobre balística, armas, munições, cavalos, gado, fauna, flora, carruagens, mineração, *saloons*, bordéis, cassinos, cassinos flutuantes do Mississippi, costumes do final do século passado, linguajar da época e mais uma infinidade de elementos que forçosamente entram na imensa maioria dos livros que tratam da colonização e conquista do Oeste e Centro-Oeste dos Estados Unidos.

Logo, percebe-se que não é tão fácil assim escrever um bom bangue-bangue...

Muito bem...

Agora que já tivemos a idéia, já escolhemos o tema, já pesquisamos sobre ele e já sabemos que tipo e que classe de livro pretendemos escrever, podemos passar sem mais demora à construção de nossa obra.

O INÍCIO DA CONSTRUÇÃO

Como já vimos até agora, escrever um livro pode ser comparado a uma construção que se executa obedecendo a normas bem definidas, e sempre seguindo um projeto predeterminado, exatamente como se estivéssemos levantando uma casa.

A idéia, o tema, a pesquisa e a escolha do tipo de livro são os alicerces dessa construção que, a partir deste momento, começa a tomar forma e a *parecer* efetivamente com alguma coisa.

Porém, convém lembrar sempre que não estamos trabalhando por mero diletantismo.

O livro é o produto de horas e horas de esforço, sacrifício e suor, produto de um trabalho que, obviamente, deverá ser remunerado.

E todo trabalho deve ser devidamente pago.

Assim sendo, o mínimo que podemos esperar de nosso livro é que ele seja a fonte de alguma coisa material e palpável e não apenas que nos traga realização, fama, aplausos e glória.

É claro que tudo isso é muito importante mas...

Não enche a barriga de ninguém.

É preciso haver pagamento em espécie, uma *recompensa material* pelo trabalho executado.

Ou... a executar.

E é justamente esta a maneira mais adequada de se trabalhar como escritor: sem a preocupação de ter de encontrar editor, sem a angústia de precisar *vender* a idéia da obra.

Assim, o meu *caminho das pedras*, nesta etapa da produção de um original, passa pela *execução e venda do projeto*.

Antes de mais nada, vamos deixar claro que *venda do projeto*, para mim, é a contratação da edição do livro por uma editora e com o pagamento antecipado (*advanced payment*) de pelo menos cinqüenta por cento dos direitos autorais estimados.

É de se supor que, de posse dessa importância, o autor tenha suficiente paz de espírito para produzir o seu original com a melhor qualidade possível e, evidentemente, com a maior presteza que puder.

Porém, para isso, é fundamental que se saiba elaborar um bom *projeto de obra literária*, bom o bastante para que se possa apresentá-lo a quem quer que seja, com a certeza de que vai ser compreendido em sua íntegra e, o que é mais importante, bem apreciado pelo editor.

É de todo conveniente lembrar que de uma apresentação bem-feita pode depender a publicação da obra e, conseqüentemente, o recebimento de uma importante parcela dos direitos autorais adiantadamente.

Assim, para facilitar as explicações de como montar um projeto, etapa por etapa, transcrevo aqui um projeto literário de minha autoria.

PROJETO
Fraude Verde

Ryoki Inoue

*Registrado no dia 28 de julho de 1994 sob o n.º 346 no Livro B-2
à Fl. 61 no Cartório do 1.º Ofício de Iconha (ES)*

Título

Fraude Verde

Objetivo

Romance + Novela para televisão

Formato e dimensão

14 cm × 21 cm, com aproximadamente 480 páginas

Temática

A temática aborda a fraude das reflorestadoras, a corrupção nesse meio e o misticismo dos ciganos.

Público-alvo

Leitores amantes de *thrillers* com muita ação, suspense, sexo, escândalos político-financeiros e misticismo cigano

Timing

Imediato, aproveitando a *onda* causada pela invasão de uma fazenda de reflorestamento no Mato Grosso do Sul, pelos sem-terra.

Direitos autorais

A combinar.

Story-line

Um engenheiro agrônomo é contratado por uma empresa de reflorestamento e descobre que tudo não passa de um aglomerado de fraudes. O agrônomo é ameaçado de morte e é salvo pela interferência de uma dupla de advogados orientados misticamente por uma cigana a quem o engenheiro agrônomo prestara socorro certa ocasião.

Resumo do argumento

Um engenheiro agrônomo é contratado por uma grande reflorestadora paulista e vai trabalhar na fazenda dessa empresa, perto de Campo Grande, no Mato Grosso do Sul. Toma conhecimento de fraudes inacreditáveis, presencia cenas de corrupção, vê crianças tomando cachaça por ordem da própria companhia para poderem resistir ao frio, vê muito de perto a fome e a miséria, o desamparo e o desprezo, a destruição do cerrado e o roubo descarado do dinheiro público. Percebe que durante dez anos cada centavo que entrou na contabilidade da fazenda veio fraudulentamente dos cofres do governo e que não houve a venda de um só pedaço de pau do reflorestamento e muito menos de um só grão de arroz — plantado em quantidades astronômicas, unicamente para ser incendiado e gerar o pagamento de seguros igualmente imensos. A desumanidade da empresa chega ao ponto de lhe ordenarem recusar ajuda a um pequeno grupo de ciganos que aparece por lá. Uma das mulheres está muito doente e, mesmo contra a vontade dos patrões, o agrônomo lhe presta socorro. Em sinal de gratidão, a cigana lê a sua sorte e lhe dá um anel de ouro. Depois disso, ele se vê obrigado a fugir, pois a empresa descobre que ele está preparando um relatório para denunciar as fraudes e as barbaridades que ali estão ocorrendo. Sofre vários atentados e desaparece. Ele é descoberto por uma advogada que, avisada por uma cigana, decide tomar como empreitada de vida desmascarar todas essas fraudes. Essa cigana, depois de lhe dizer uma porção de coisas que não fazem nenhum sentido naquele momento, deixalhe um anel de ouro. A advogada não acredita nas predições da cigana mas fica impressionada com o que ela diz a respeito de uma empresa de reflorestamento e de um certo engenheiro agrônomo. Encontra o engenheiro por mero acaso e em meio a uma aventura amorosa que poderia ser apenas não mais do que um descompromissado encontro. Então, tudo quanto a cigana lhe dissera, começa a fazer sentido. Consciente de sua ainda pequena experiência jurídica, essa advogada procura seu chefe no escritório de advocacia em que está trabalhando, mesmo porque assim a cigana havia sugerido, e este se impressiona com as dimensões e as implicações do caso e com uma série de coincidências que só então relata para a colega e subordinada. Juntos, eles começam a investigar, mas o advogado é assassinado pelos proprietários da reflorestadora. A advogada, também perseguida de perto por esses poderosos fraudadores, não desiste e continua sua batalha, juntamente com o agrônomo que, a essa altura, já se tornou sua paixão. Os dois passam por muitas dificuldades, atentados e perigos. Constantemente, e principalmente nos momentos de maior risco, eles são ajudados pela mesma cigana que avisou a advogada e que, nesses instantes, surge como se fosse do nada e lhes dá as soluções para os problemas que estão enfrentando. Finalmente, conseguem um flagrante que leva os proprietários da reflorestadora para as barras dos tribunais. Vencida a batalha jurídica, a advogada e o agrônomo decidem procurar a cigana e descobrem que ela tinha morrido alguns anos atrás.

Argumento

Américo Medeiros é um advogado que, apesar de inteligente e brilhante, não consegue subir na vida e na carreira. É casado com uma mulher fútil e inconformada com a situação financeira da família — Américo trabalha já há mais de dez anos em um escritório em que recebe muito pouco. Para ele, a vida é uma rotina maçante e modorrenta, sacudida com desagradável freqüência por um profundo complexo de culpa em que ele se vê impotente e ao mesmo tempo consciente de ser excessivamente comodista para tentar melhorar. O que lhe resta é um reduzido grupo de amigos, ex-colegas de ginásio, com quem costuma se reunir em um boteco do centro da cidade para um chope após o expediente. Um dos componentes desse grupo, amigo mais próximo de Américo, procura sempre estimulá-lo dizendo-lhe que não pode continuar dessa maneira, que não pode se deixar dominar pela esposa e que, afinal de contas, Américo precisa se valorizar em todos os sentidos. Muito místico, está sempre dizendo que ele deveria procurar ajuda no campo espiritual. Um dia, em pleno centro da cidade, Américo é abordado por uma cigana. É uma cigana ainda jovem, muito bonita e sensual, com uma personalidade muito forte e que diz para o advogado, que ele está vivendo completamente errado. É impossível que a cigana tenha sido informada por quem quer que fosse, de certas coisas que estão ocorrendo na vida íntima do advogado e que, no entanto, ela acerta. São afirmações que o impressionam muitíssimo, pois coincidem em tudo com o que ele vinha vivendo até então, inclusive com as desavenças matrimoniais e as pequenas aventuras que tinha, em busca — literalmente instintiva — de uma felicidade na qual ele mesmo já não acreditava mais. A cigana, para sua surpresa, recusa qualquer remuneração e lhe dá de presente um anel com um pequeno cristal, uma pedrinha de quartzo, recomendando-lhe que o use sempre. Como ele acreditara em suas palavras, passa a usar o anel e, de repente, as coisas começam a mudar. Causas importantes lhe são entregues, ele obtém vitórias estrondosas nos júris de que participa, recebe elogios, aumenta a clientela, torna-se auto-suficiente, chegando a montar seu próprio escritório em um luxuoso prédio. Como passa a estar melhor consigo mesmo, automaticamente se põe em uma posição mais independente dentro de sua própria casa, deixando de se importar com as destemperanças da mulher. Muito rapidamente, descobre que jamais houve amor. Separa-se da esposa e vai viver sozinho. Porém, é um homem sensível, carinhoso e, por isso mesmo, muito carente. Isso o faz sofrer e o leva a fomentar a intimidade que já vinha tendo com sua secretária. Uma noite, a cigana aparece-lhe em um sonho e lhe diz que deveria olhar um pouco mais para os lados, deveria dar um pouco mais de liberdade ao seu coração. No dia seguinte, ele encontra no elevador do prédio em que montara seu escritório uma jovem advogada, Eliana, que estava procurando trabalho. Américo oferece-lhe um lugar de assistente em seu escritório, entregando-lhe algumas causas menores — embora nem por isso menos complicadas — para cuidar. Eliana se desincumbe muito bem desses trabalhos e conquista a admiração de Américo, que passa a ver na jovem a filha que jamais tivera. A recíproca é verdadeira: Eliana encara-o como se fosse seu pai e professor. Essa relação não é entendida pela secretária do advogado que, temerosa de perder sua posição junto a ele, nutre o mais profundo ciúme de Eliana. Uma tarde, enquanto Américo estava ausente por causa de uma audiência, Eliana é procurada por uma cigana, no escritório. A jovem acha aquilo estranho, pois não é hábito dos ciganos procurar a ajuda de advogados. Essa cigana — uma cigana jovem e muito bonita — conta para Eliana uma história complicada de um agrônomo que tinha sido obrigado a fugir para não ser assassinado, porque estava prestes a denunciar uma podridão muito grande relacionada a uma empresa de reflorestamento. A cigana não fornece dados muito precisos, mas, alguma coisa em seu modo de falar e em seu olhar faz com que Eliana se interesse vivamente pelo caso. Porém, a advogada precisa de alguma informação mais concreta para poder começar as pesquisas e a única coisa que a cigana lhe diz é que Américo está sabendo de tudo e tem, em seus arquivos, todos os dados que a advogada deseja. Eliana sai de sua sala e dirige-se para a sala do arquivo para procurar alguma coisa a respeito de reflorestamento. Como não encontra nada, pede à secretária para procurar no arquivo do computador. Volta para sua sala e a cigana não mais se encontra ali. A advogada fica aborrecida, tenta encontrar a cigana no corredor do prédio mas ela já desaparecera. Volta para sua escrivaninha e vê, ao lado de sua agenda, o anel de cristal que sempre estivera no dedo mínimo da mão esquerda de Américo. Guarda-o e, horas mais tarde, quando o advogado retorna, ela pergunta por que ele tinha tirado o anel. Américo mostra o anel em seu dedo, garantindo que, desde que ele lhe fora dado por uma cigana, jamais o tirara. Assustada, Eliana mostra-lhe o anel que tinha ficado sobre sua mesa: idêntico ao de Américo. Conta-lhe então o ocorrido e Américo vai buscar uma pasta que estava em uma de suas gavetas particulares. Trata-se de vários processos trabalhistas movidos contra a tal empresa de reflorestamento. Américo explica para Eliana que um dos proprietários dessa empresa, seu amigo e colega de infância, contratara-o como advogado de defesa naqueles processos, com a ordem de fazer atrasar o mais possível o andamento dos mesmos. O advogado diz que, tanto por uma questão de ética quanto por amizade, não poderia agir contra essa empresa. De mais a mais, ele não pode acreditar que aquele seu amigo fosse capaz de algo tão radical quanto um assassinato. Contudo, como havia o caso do anel dado pela cigana e, como sua vida de fato mudara da água para o vinho depois que ele começara a usá-lo, decide iniciar uma investigação oficiosa. Ajudado por Eliana, ele começa a descobrir coisas incríveis, falcatruas fantásticas e fraudes inacreditáveis. Porém, tudo parece ser legal, tudo está muito bem lastreado juridicamente. É impossível pegá-los. Mal consigo mesmo, Américo decide procurar esse amigo para exigir algumas explicações e para devolver os processos que estão ainda em seu poder. Descobre então que espécie de amigo ele tem. Há um bate-boca e, no final, fica uma ameaça velada. Uma ameaça física que implica também Eliana. À noite, Eliana sonha com a cigana — que se diz chamar Milka — e esta lhe fala que a única pessoa capaz de trazer alguma luz para o caso seria o próprio agrônomo desaparecido. Através de metáforas, ela conta que os ciganos poderiam informar onde encontrá-lo, uma vez que esse agrônomo, ainda que apenas honorificamente, também é um cigano. Impressionada, Eliana telefona para Américo no meio da noite e conta-lhe o sonho. Revoltado com o que o ex-amigo lhe dissera na tarde daquele mesmo dia, o advogado decide abraçar aquela investigação a fundo e, acompanhado por Eliana, sai à caça do agrônomo. Os dois começam a pesquisa procurando por informações junto a uma comunidade de ciganos ricos, em São Paulo. Recebem, porém, indicações desencontradas que os levam a lugares estranhos e a situações perigosas. No correr dessa busca, por mais duas ou três vezes, a cigana Milka aparece em sonhos, ora para ele, ora para Eliana, sempre dizendo algumas coisas incríveis e metafóricas que, uma vez seguidas, fazem com que eles se aproximem do alvo. Nesse ínterim, o agrônomo percebe que alguém está à sua procura e, como não sabe de quem se trata e muito menos quais são as suas intenções, foge, esconde-se ainda mais. Quando Américo e Eliana, já cansados, estão pensando em desistir, eles encontram, em um posto de gasolina da rodovia Ayrton Senna, um homem que usa exatamente o mesmo anel que eles. É a cigana interferindo mais uma vez no destino dessas três pessoas. O primeiro contato é muito difícil, o agrônomo mostrando muito medo e querendo escapar de todas as maneiras. Ele só se convence quando vê os anéis que Eliana e Américo estão usando e, a partir daí, conta tudo o que sabe. Fala das fraudes, fala de crianças tomando cachaça para suportar o frio nos campos de plantação, fala dos incêndios criminosos, da destruição da fauna e da flora. O agrônomo conta, também, que o seu ódio maior pelos proprietários da reflorestadora fora causado pelo fato de, certa ocasião, eles terem recusado ajuda a um pequeno grupo de ciganos em que uma jovem estava muito doente. Ele os ajudara por conta própria e isso fora a gota d'água: a partir daquele momento, não havia mais lugar para ele na empresa. Américo convence-o a denunciar a reflorestadora e, é claro, isso chega ao conhecimento de seus proprietários, através da traição da secretária de Américo, comprada pelos donos da reflorestadora, e também motivada pelos ciúmes que sente de Eliana em relação ao advogado. Há uma série de atentados contra a vida do agrônomo e dos dois advogados, mas a cigana está sempre por perto nas horas mais difíceis, realizando verdadeiros prodígios e livrando-os de situações de altíssimo risco. Porém, a cigana não consegue evitar que Américo seja assassinado. Após o crime, o agrônomo José Ronaldo e Eliana juram levar o caso às últimas conseqüências e passam a trabalhar juntos nas investigações que Américo vinha realizando. A advogada acaba se apaixonando por José Ronaldo. Finalmente, os dois conseguem um flagrante que incrimina e condena definitivamente esses empresários e levam-nos ao Tribunal. Por uma questão de gratidão, Eliana e José Ronaldo decidem procurar a cigana que incrivelmente os ajudara e sempre nos momentos mais difíceis. Mais de três meses depois, conseguem localizar o bando de que ela fazia parte. Mas não a encontram, pois ela morrera justamente naquela ocasião em que estivera doente, apesar do auxílio prestado pelo agrônomo. Na viagem de volta para casa, José Ronaldo e Eliana param em uma praia deserta para apreciar o luar. E vêem, então, uma mulher que se aproxima. É a cigana que vem dizer a José Ronaldo que a dívida que ela e seu bando tinham com ele estava saldada. Diz que a energia que vem da Lua trará para ambos toda a felicidade do Universo. Manda que eles olhem para a Lua. Quando os dois voltam a abaixar a cabeça, a cigana não está mais ali. Porém, na orla da água, uma linda mulher com os cabelos refletindo a prata do luar cavalga, completamente nua, em um cavalo branco. Ela se volta e sorri, em um adeus, para o casal.

Principais Personagens

José Ronaldo Fernandes

José Ronaldo Fernandes é um engenheiro agrônomo, solteiro e recém-formado, cheio de sonhos e de ideais. Foi um excelente aluno na Faculdade de Agronomia Luiz de Queiroz (USP — Piracicaba) e, já antes de receber o diploma estava com um bom emprego garantido: seria o assistente-coordenador de uma grande fazenda de reflorestamento no Mato Grosso do Sul. A empresa, existente desde 1972, tem cerca de 200 mil hectares com 146 projetos de reflorestamento sustentados por subsídios e incentivos governamentais. José Ronaldo aceita o emprego e vai para a fazenda. Lá, ele descobre que tudo não é mais do que um engodo e que há uma fraude imensa por trás desses projetos de reflorestamento. Dos 146 projetos, apenas dez estavam prontos, embora a reflorestadora já tivesse recebido por todos. A cada vez que um fiscal aparecia, José Ronaldo recebia instruções para *distraí-lo* das maneiras mais sórdidas, até mesmo usando prostitutas para depois a empresa poder fazer chantagens. Quando esse golpe era impossível, as placas de identificação dos projetos eram trocadas de forma a fazer o fiscal imaginar que o investimento tinha sido feito: só eram mostrados os projetos já executados. José Ronaldo presencia a destruição do cerrado da maneira mais criminosa possível e, apesar de ser o assistente-coordenador, não tem nenhuma voz ativa na fazenda. A situação se agrava quando o presidente da empresa começa a ter atitudes de total desequilíbrio emocional e passa a cometer erros administrativos dos mais sérios. É nessa ocasião que surge na fazenda um pequeno grupo de ciganos. Uma mulher, ainda jovem e muito bonita, está gravemente enferma. Os proprietários da reflorestadora ficam sabendo da presença dos ciganos e ordenam a José Ronaldo que os ponha para fora. Não querem saber se há uma pessoa doente ou não. O agrônomo decide arcar com o problema às suas custas e leva a mulher para o hospital de Campo Grande. É quando ela lhe dá um anel com um cristal e diz para ele usá-lo sempre. José Ronaldo volta para a fazenda, depois de deixar a cigana internada, disposto a pedir demissão. É ameaçado de morte. Não se intimida e diz que vai denunciar tudo. Então, sofre um atentado e recebe mais um aviso: se tentar abrir a boca, morrerá. Amedrontado, ele decide desaparecer de circulação, esperando apenas uma oportunidade para contar o que sabe. Parte de Campo Grande sem dizer para ninguém o seu destino, deixando para trás até mesmo os salários a que teria direito e que já estão atrasados vários meses. Com a pressa, acaba não conseguindo voltar a Campo Grande para saber notícias da cigana.

Eliana Vieira de Mattos
Eliana Vieira de Mattos é uma advogada recém-formada que procura emprego, sem qualquer sucesso, há mais de um ano. Uma certa manhã, encontra na rua uma cigana que lhe pede para ler a mão. Eliana, que apesar de mística não acredita em ciganas e em sua quiromancia, a princípio não quer. Porém, sem que ela consiga explicar por que, acaba deixando que a cigana veja a palma de sua mão esquerda. A cigana lhe diz que ainda naquele dia ela estaria empregada. O que acaba se tornando realidade, pois, quando Eliana entra no elevador de um edifício só de advogados, encontra-se com Américo Medeiros que lhe oferece emprego e acaba se tornando seu amigo, conselheiro e segundo pai. Algum tempo depois, a mesma cigana volta a aparecer, desta vez procurando por Eliana no escritório, e conta para a advogada a história de José Ronaldo.

Milka
Milka é a cigana. Jovem, bonita, sensual e mística, ela aparece quando o acampamento cigano é montado na fazenda da reflorestadora e, depois, aparece todas as vezes que Ronaldo, Eliana e Américo estão em dificuldades.

Américo Medeiros
Américo Medeiros é advogado, culto, sensível, boa alma, tem perto de 50 anos de idade e teve uma trajetória de vida bastante atribulada, cheia de dificuldades até encontrar na rua uma cigana (Milka), que lhe dá um anel com um cristal. Casado com Berenice,

de quem se separa. A partir daí, em menos de seis meses, a sua vida profissional muda, levando a mudanças drásticas inclusive em sua vida matrimonial. Torna-se um verdadeiro preceptor e segundo pai de Eliana, para desespero e ciúme de Carmen, sua secretária.

Carmen Gouveia
Secretária de Américo e que, desde que ele se divorciou, nutre esperanças de se unir definitivamente a ele, unicamente por interesse material — ela é amante de um grande empresário, amigo de Américo e sócio da reflorestadora que contratara José Ronaldo —, Carmen chegou a manter um caso amoroso com o patrão. Toma conhecimento das pesquisas que Américo e Eliana estão desenvolvendo sobre a reflorestadora e entrega de mão beijada importantes informações para os proprietários da empresa. Com base nessas informações, esses empresários mandam assassinar Américo.

Alberto Carlos Ribeiro Almeida
Alberto Carlos Ribeiro Almeida é sócio-presidente da Reflorestadora Itaquera, proprietária da Fazenda Jacutinga, onde José Ronaldo trabalhou. Obeso, petulante, prepotente, parece que tem o rei na barriga. É o amante de Carmen. Homem extremamente corrupto e maquiavelista, tenta sempre manobrar as pessoas segundo seus desejos e caprichos. Muito dado a farras e orgias monumentais, costuma freqüentar casas de massagens e fazer uso de *escort-girls*. Tem tendências sadomasoquistas. Acha que é o dono da empresa, pois possui 40% das ações — 30% são de seu pai e os outros 30% do outro sócio.

Talita Almeida
Talita Almeida é esposa de Alberto Carlos. Detesta o marido principalmente por causa de sua obesidade e de seu gênio ditatorial. Contudo, ela o suporta, pois, vinda de uma família humilde, ela sabe que depende do dinheiro de Alberto Carlos. Absolutamente insatisfeita no matrimônio, aceita o assédio de Leon Chaveri, sócio do marido, e torna-se sua amante.

Pedro Ribeiro Almeida
Pedro Ribeiro Almeida é pai de Alberto Carlos. Viúvo. Costuma freqüentar prostitutas de alto nível, embora já seja idoso e impo-

tente. Viciado em corridas de cavalos, perde uma fortuna no Jockey Club e vende secretamente sua parte na empresa para Leon Chaveri, o outro sócio, fazendo com que seu filho deixe de ser o acionista majoritário.

Leon Chaveri
Leon Chaveri é o verdadeiro dono da Reflorestadora Itaquera, pois adquiriu a parte de Pedro. Pequeno, franzino, envolvente, muito esperto e sagaz, Leon é o arquiteto de todas as fraudes e é quem decide pelo assassinato de José Ronaldo, Eliana e Américo Medeiros. Não consegue matar o agrônomo, mas o advogado é morto. Muito amigo de políticos importantes, ele controla tudo de seu escritório na avenida Rebouças, em São Paulo. Casado com Júlia, é amante da mulher de Alberto Carlos, Talita, que o ajuda a tramar contra o próprio marido.

José Lincoln Gonçalves
José Lincoln Gonçalves, Lilico, é o homem de confiança de Leon. Rude, mal-educado, grosseiro, forte como um touro e exímio atirador. É ele que assassina Américo Medeiros e tenta matar José Ronaldo. Fica o tempo todo na fazenda, saindo de lá apenas quando chamado por Leon, normalmente para executar algum serviço sujo.

Joaquim Fidalgo
Joaquim Fidalgo é o homem da contabilidade da fazenda. Braço direito de Leon, é ele quem providencia os incêndios e comanda as trocas de placas de identificação dos projetos de reflorestamento. É também o rei dos prostíbulos de Campo Grande e, por isso, é o responsável por arranjar mulheres para os fiscais que aparecem por lá.

Localização no tempo e no espaço
A história se passa em São Paulo e Mato Grosso do Sul (cerrado, Ribas do Rio Pardo e Campo Grande), na época atual (1985 a 1995), com poucas incursões em passado recente (final da década de 70 e início da década de 80).

Plot principal
A epopéia de José Ronaldo. A formatura, o contrato com a Reflorestadora, a vida na Fazenda Jacutinga, os golpes contra a fis-

calização, os negócios e as reuniões em Campo Grande e em São Paulo, o relacionamento com Alberto Carlos, Pedro e Leon, os incêndios nos talhões de floresta artificial, os incêndios e a destruição do cerrado, as crianças bebendo cachaça para resistir ao frio, a fuga após uma tentativa de assassinato.

Underplot I

A vida na Fazenda. O enfoque de Joaquim Fidalgo, Lilico e outros personagens secundários, na sede. Gravidez de uma das empregadas, o casamento, as festas juninas, as vilas de empregados, a resignação e as dificuldades dos que trabalham no plantio de eucaliptos.

Underplot II

A trajetória de Américo Medeiros.

Underplot III

A trajetória de Eliana Vieira de Mattos.

Underplot IV

A trama na Reflorestadora Itaquera. A traição de Pedro e de Leon, a ostentação, a vida milionária dos três sócios, a queda de Alberto Carlos, o envolvimento de políticos, as fraudes, o dinheiro sujo, o caso de Talita e Leon, a devassidão e os vícios de Alberto Carlos e Pedro.

Underplot V

A vida no acampamento cigano e as aparições místicas de Milka. O envolvimento dos ciganos com a comunidade, o artesanato cigano, os truques de mágica e malabarismo que fazem para sobreviver. Amores e festas ciganos.

A BASE DO PROJETO

A primeira página do projeto literário, que eu denomino aqui de *base do projeto*, tem por objetivo chamar a atenção do editor para o livro em si e deixá-lo interessado pela idéia. Ao mesmo tempo, esta parte visa despertar a sua *curiosidade*, pois é justamente a curiosidade do editor que poderá fazer com que ele, lendo o projeto até o final, venha a gostar dele e querer publicar o romance.

Assim, vamos ver, item por item, de que maneira podemos *alisar a fera* e, *dourando a nossa pílula*, fazer com que o livro saia do sonho para a realidade das prateleiras das livrarias.

1. Título

Sem a menor sombra de dúvida, a escolha do título é uma das fases mais importantes do projeto.

É tão importante que é muito raro *batizar-se* uma obra, ainda em fase de execução, de forma definitiva, preferindo-se sempre um *título provisório*; e muito freqüentemente o editor, por ser mais experiente e por possuir um *espírito comercial* mais acurado do que o autor, reserva para si o direito de dar o título definitivo ao livro.

E, depois da obra pronta...!

De qualquer maneira, ainda que saibamos que o nosso editor poderá alterá-lo ao seu bel-prazer, é necessário que o livro tenha um título no momento em que entregamos o projeto para avaliação e julgamento.

Esse título deverá ser o mais sucinto possível — o que quer dizer, *ter o menor número possível de palavras* — e suficientemente explícito para que, ao lê-lo, possamos ter uma idéia do que contém o livro.

É óbvio que há muitos títulos — e excelentes — que são enormes: *Enterrem meu coração na curva do rio, À margem do Rio Pedra, eu sentei e chorei, Como era verde o meu vale, Gato preto em teto de zinco quente*, e muitos outros.

Contudo, é importante lembrar alguns pequenos detalhes que irão facilitar a venda de sua obra, mesmo porque facilitam a memorização de seu título.

Em primeiro lugar, é preciso levar em conta a famosa *lei do menor esforço*.

Um vendedor de livraria jamais vai pedir ao estoque, pelo telefone ou pelo interfone, que lhe mandem um exemplar do *Gato preto em teto de zinco quente*. Ele dirá apenas que deseja um exemplar de *Gato preto*, de *Rio Pedra* ou de *Enterrem meu coração...*

Além disso, está provado que o olho humano é capaz de registrar e interpretar no máximo dezesseis símbolos de uma só vez, o que quer dizer que, *sem precisar fazer o esforço de ler*, uma pessoa normal é capaz de identificar, apenas olhando, um título de no máximo dezesseis letras.

E, segundo os estudiosos do assunto, o ideal é que a palavra, ou conjunto de palavras, tenha no máximo onze letras.

Assim, é preferível *não estourar* esses limites.

O título de uma obra, apesar de ter a obrigação de ser explícito — ou no mínimo subliminarmente explícito —, não deve *contar* a estória. O título precisa, bem ao contrário, gerar suspense e curiosidade, induzindo o leitor a comprar e ler o livro.

E quando lemos uma obra cujo título nada tem a ver com o seu conteúdo?

Antes de crucificar o autor, devemos lembrar que, se para nós leitores o título estava extemporâneo, extravagante e impertinente, para o autor talvez não estivesse. Pode ser que alguma coisa daquele título estivesse até mesmo no subconsciente de quem escreveu a obra.

Ele foi infeliz na escolha do título?

64

Pode ser.

Mas isso de maneira alguma tira o valor do conteúdo do livro.

Pode, isso sim, dificultar a sua venda.

Há diversos autores que insistem que os títulos devem ser formados por uma única palavra: *Aeroporto, Dinheiro, M-20* e muitos outros. Também há aqueles que preferem usar um substantivo precedido do artigo: *O Aleph, O Albatroz, O Ascendente, O Alquimista...* Existem, ainda, autores que se utilizam de uma frase qualquer de seu texto, frase esta que pode ou não resumir *o espírito do livro: Ainda estamos vivos, Sempre há esperança, O nome não importa etc.*

No fundo, a escolha do título não deixa de ser uma questão de gosto e... de concessão do editor.

É claro que existem títulos que nos levam a perguntar como e por que o autor achou de *batizar* sua obra dessa maneira.

Há até uma velha história — nem me lembro mais onde foi que li — em que um escritor famoso vai a um barbeiro que o reconhece e, ao terminar o seu trabalho, conta-lhe que tinha escrito um livro e que estava tendo a maior dificuldade para encontrar um bom título. O escritor, já aborrecido com o parlapatismo do barbeiro, indaga:

— Seu livro fala de tambores?

— Não, senhor — responde o barbeiro, surpreso com a pergunta.

— Fala de cornetas? — insiste o escritor.

Um pouco sem jeito, o barbeiro responde que não, o livro dele nada tinha a ver com cornetas.

— Pois então você já tem o título — disse o escritor, pondo-se de pé. — E um bom título: *Nem tambores, nem cornetas!*

2. Objetivo

É verdade que muita gente chega a escrever livros à toa...

E entenda-se esse *à toa* tanto como diletantismo quanto como... perda de tempo.

Um livro, seja um romance, uma novela, um roteiro para o cinema ou para a televisão, é um trabalho e, como já dissemos, muito árduo e difícil. Portanto, jamais deve ser feito *à toa*.

Não trataremos aqui dos objetivos *essenciais* do livro a ser publicado, ou seja, o que o autor pretende demonstrar em sua obra. Não vamos nos importar, neste item, se o escritor está querendo chamar a atenção do público para este ou aquele problema social, para este ou aquele escândalo político ou qualquer outro *fato histórico* que esteja acontecendo e que, no seu entender, mereça ser levado ao conhecimento público.

Estamos falando do *projeto literário*.

A apresentação do projeto de um livro tem um único objetivo: publicá-lo.

Assim, no item *objetivo*, devemos dizer apenas o que se pretende produzir. No caso, é um romance que pode ser aproveitado para uma novela de televisão.

Devemos lembrar que o editor que deverá analisar, apreciar e julgar o seu projeto normalmente é uma pessoa extremamente ocupada e que, pelo menos *a priori*, dispensará explicações muito detalhadas quanto aos *objetivos essenciais* referidos há pouco, pois estes surgirão no corpo do argumento, ainda que de maneira apenas subliminar. É de se supor que o editor tenha treino e capacidade suficientes para *perceber* o que o autor está querendo dizer na *essência* de sua obra.

3. Formato e dimensões do livro

Este é um dos pontos polêmicos na apresentação do projeto literário.

Um grande número de editores fazem questão fechada de escolher o formato e as dimensões dos livros que vão publicar, independentemente do que possa pensar o autor.

Na minha opinião, nem tanto ao céu e nem tanto à terra...

Creio que o ideal é o consenso, é se chegar a um ponto de equilíbrio que satisfaça ambas as partes.

Pessoalmente, gosto de sugerir — vejam bem, eu falei *sugerir* e não *exigir* — o formato e as dimensões dos livros que escrevo, incluindo até mesmo a tipologia e o corpo das letras.

Por isso, neste projeto que estamos *destrinchando*, escolhi o tamanho 14 cm × 21 cm e poria as letras em Times New Roman em corpo 12, preenchendo as 480 páginas de miolo.

Já sei que vão me perguntar como é que eu posso delimitar dessa maneira e com tanta precisão o número de páginas que pretendo dar ao livro...

Bem...

Este é um dos pontos em que sou obrigado a dizer que essa técnica é fruto única e exclusivamente de treino.

Porém, é fundamental que se saiba que um livro, especialmente no formato 14 cm × 21 cm, deve ter o miolo sempre com um número de páginas tal que seja múltiplo de 16. Isso por causa do melhor aproveitamento do papel. Na realidade, isso não é assim tão rigoroso, pois, com os recursos que nos possibilita a informática, podemos *aproximar* e *distanciar* as letras, as palavras, as linhas... Podemos *dar um acabamento* ao texto que transforme 473 ou 501 páginas, por exemplo, nas 480 desejadas.

Voltando a falar das dimensões, já vimos — e apenas lembro, aqui — que 14 × 21 é o tamanho-padrão de um livro de ficção que será vendido em livrarias. É o tamanho mais aceito pelos livreiros, desde que o miolo seja em papel *off-set* 75 ou 90. Infelizmente, ainda há um preconceito muito grande contra o *paperback*, o papel jornal, e um preconceito maior ainda por livros de ficção com dimensões menores, como, por exemplo, 12 cm × 18 cm ou 10,5 cm × 15 cm, que são considerados *produtos de segunda categoria* e destinados apenas às bancas de jornais.

Um outro ponto de atrito, ainda neste item, é a capa.

Normalmente, o editor faz questão de escolher a capa e, infelizmente, muitas e muitas vezes ela não satisfaz o escritor.

Também no que diz respeito à capa, eu tenho *batido o pé* e acabo participando da escolha ou da criação da mesma.

Atualmente tenho insistido que as capas de livros de ficção, sejam eles no formato que forem, deverão ser montagens fotográficas sobre quadros ou pinturas que tanto podem ser abstratas quanto figurativas, impressionistas ou expressionistas. O que é extremamente importante é que a capa seja chamativa sem ser *cafona, apelativa* ou *indecente*.

Infelizmente — e isso é quase mundial — compra-se o livro pela capa e, em especial, quando se trata de um livro de ficção. Por isso, as capas precisam estar íntima e explicitamente relacionadas com o texto: um texto que fale sobre sexo, precisa ter uma capa sensual, um texto que diga sobre violência, precisa ter uma capa forte, violenta.

Claro...

Nada que dê a impressão que, *se torcer, sai sangue...*

4. Temática

Basicamente, é a *classificação* do livro.

Neste item, explica-se com o menor número possível de palavras o assunto principal que será abordado no livro, bem como os demais assuntos secundários e, portanto, menos importantes.

Assim, se o romance falar sobre a perseguição e captura de um homem ligado à política de um país e que fugiu com uma mala de dinheiro, fruto de fraudes, desfalques e falcatruas, o livro será *político-policial*.

Se há passagens por outras *classes* de romances e o texto abordar outros temas, isso tudo deve ser explicado, sempre da maneira mais sucinta possível, sem que estejamos na obrigação de *efetivamente classificar* o romance.

No caso da *Fraude Verde*, não o classificamos e apenas mencionamos que a temática da obra aborda a fraude das reflorestadoras, a corrupção nesse meio e o misticismo dos ciganos.

5. Público-alvo

É mais do que evidente que, quando escrevemos um livro, temos em mente qual é o tipo de leitor que pretendemos alcançar. A definição do público-alvo é muito importante tanto para o autor — que dará este ou aquele cunho ao seu texto — quanto para o editor que, a partir dessa informação, terá condições de definir o formato, a capa, a tiragem da primeira edição e, principalmente, a distribuição da obra.

No projeto, a apresentação do público-alvo para o editor também deve ser sucinta e objetiva, sem a tentativa de justificar o porquê desta ou daquela escolha, uma vez que o próprio editor tem, mais do que ninguém condições de julgar se uma determinada população, escolhida como *target*, realmente poderá se impressionar e se interessar pela obra.

No nosso caso, limitei-me a dizer que o público-alvo pretendido é o público leitor brasileiro de um modo geral, especialmente a fatia que aprecia estórias que mesclam ação, sexo, violência, suspense, misticismo e escândalos político-financeiros.

6. Timing

É a idéia que o autor faz da época em que deverá ser lançado o seu livro.

Mais uma vez, normalmente o editor se reserva o direito de determinar *quando* um determinado livro poderá ou deverá ser lançado, usando como principal base para esta escolha a demanda de mercado. Porém, há temas, mesmo para ficções, cujo *timing* é ditado por algum acontecimento de importância que esteja ocupando espaço significativo na mídia e que, portanto, podem ser *alavancados* automaticamente e despertar a atenção e o interesse do público de forma imediata. Como exemplo, tomo a liberdade de citar um livro escrito por mim em agosto de 1992, logo depois da fuga de Pablo Escobar. *Onde está Pablo Escobar?* vendeu maravilhosamente bem justamente pela simples razão de que seu *protagonista fantasma* — ele mal aparece no livro — estava ocupando um espaço enorme da mídia, todos os dias.

Convém assinalar aqui que esse tipo de romance — que se aproxima muito do *minute-book* dos americanos — normalmente tem vida editorial muito curta, pois, assim que o interesse do público pelo fato gerador do romance começa a cair, também automaticamente as suas vendas despencam.

Um bom exemplo é o livro *Zélia, uma paixão*, de Fernando Sabino, cujas vendas hoje são mínimas e que, na época de seu lançamento, *estourou* espetacularmente.

Do mesmo autor — aliás um dos papas da moderna literatura brasileira —, *O Encontro marcado* continua vendendo até hoje, mesmo depois de várias décadas de seu lançamento.

No nosso caso, o *timing* sugerido para o *Fraude verde* seria imediato, aproveitando a onda causada pela invasão de uma fazenda de reflorestamento no Mato Grosso do Sul pelos sem-terra.

7. Direitos autorais

Chegamos a um dos pontos cruciais.

Infelizmente para aqueles que pretendem fazer da literatura o seu ganha-pão, o nosso país não é o lugar mais adequado.

E a culpa não é apenas de editores, de políticos que não sabem definir um plano econômico estável e eficiente...

Uma parte significativa da culpa dessa desagradável — e por vezes, insustentável — situação econômica do *escritor profissional* — e entenda-se como *escritor profissional* aquele indivíduo que vive única e exclusivamente do que escreve — é dos próprios autores que, tendo outras fontes de renda e escrevendo por mero diletantismo ou vaidade pessoal, não fazem nenhuma questão de lutar por seus direitos como autores que são, como trabalhadores que têm, como produto final, exatamente aquilo que é mais importante do que qualquer outra coisa na formação cultural de um povo, ou seja, o livro.

Não se deve escrever e muito menos fazer publicar por mera questão de vaidade individual.

Deve-se contar, além da óbvia realização pessoal que é o fato de ter um livro escrito, com os proventos materiais que esse trabalho pode e deve trazer.

Cobrar.

Exigir.

Estas são as chaves.

Os direitos autorais devem equivaler a, no mínimo, 10% do preço do livro para o consumidor final e, como já falei anteriormente, é de todo aconselhável que haja um adiantamento de pelo menos 50% do valor estimado dos direitos autorais totais.

Porém...

Estamos apresentando um projeto que, evidentemente, queremos que o editor leia.

Pelo menos, leia.

Assim, por uma questão de *diplomacia*, é melhor marcar este item com um discreto e despretensioso *a combinar*.

Com toda a certeza, as negociações serão muito mais fáceis depois que o editor tiver lido o seu projeto, gostado e assim, na frente de uma simpática garrafa de uísque, vocês poderão estabelecer os percentuais devidos.

O passo seguinte na apresentação do projeto literário é a *storyline*.

STORY-LINE

O passo seguinte na apresentação do *projeto literário* é a *story-line*.

Story-line pode ser definida como a *transcrição da síntese da idéia*.

É a trama ou enredo de uma estória escrita em no máximo três frases, de modo a abranger as três etapas principais da mesma, ou seja, o começo, o meio e o fim.

Aqui, *começo* quer dizer *apresentação do conflito*, *meio* é o *desenvolvimento do conflito* e *fim* é a *solução do conflito*.

Voltemos ao nosso exemplo, o projeto do romance *Fraude Verde*.

O item *story-line* diz: *Um engenheiro agrônomo é contratado por uma empresa de reflorestamento e descobre que tudo não passa de um aglomerado de fraudes. O agrônomo é ameaçado de morte e é salvo pela interferência de uma dupla de advogados orientados misticamente por uma cigana a quem o engenheiro agrônomo prestara socorro certa ocasião.*

Podemos observar que os três requisitos citados há pouco estão perfeitamente preenchidos:

O *começo* ou *apresentação do conflito*: a contratação do engenheiro agrônomo e a existência de fraudes.

O *meio* ou *desenvolvimento do conflito*: as ameaças que sofre o agrônomo e a interferência de um casal de advogados orientados misticamente por uma cigana.

O *fim* ou *solução do conflito*: o agrônomo é salvo.

Na montagem da *story-line*, é preciso lembrar que o editor, ao ler o projeto e depois de ter se interessado pela primeira página, que trata basicamente das intenções e objetivos do autor, terá de se interessar por sua *idéia*, ou seja, pela *story-line*.

Justamente por isso, ela precisa ser sintética, objetiva, exata e é fundamental que desperte a curiosidade do editor para que ele se veja atraído a passar para a etapa seguinte, que é o *argumento*.

Uma boa *story-line* não deve ter mais do que três sentenças completas e oito linhas. Tampouco deve explicar demais, pois, se isso acontecer, já estaremos fazendo um argumento e este, sim, precisa ser mais longo e mais detalhado.

No exemplo citado, note-se que o tempo verbal é o presente do indicativo. Isso se explica pelo fato de que a *story-line* é, como já dissemos, a transcrição da idéia, ou seja, do *conjunto de imagens que se formam na mente do autor e das quais ele filtra algumas para montar a story-line*, o que ocorre, para quem escreve, no *presente*, uma vez que a idéia está se desenvolvendo naquele instante e passando para o papel ou para a tela do computador no momento presente.

ARGUMENTO

O *argumento*, também chamado de sinopse, é o desenvolvimento na forma de texto da *story-line*.

O argumento é a *justificativa da existência da estória* e, por isso, é preciso que seja o mais detalhado possível sem, no entanto, ser excessivamente longo, para que não haja o risco de se tornar maçante.

Podemos e devemos considerar o argumento como sendo um *bom e bem objetivo resumo da estória* que pretendemos contar para *impressionar* e *conquistar* o editor.

Assim, ele não deve ter mais do que vinte laudas — para um romance de aproximadamente 480 páginas — e jamais ter menos de sete laudas, pois aí seria pequeno demais, resumido demais e provavelmente muito pouco explícito, não permitindo a idéia de conjunto.

Na totalidade das vezes, o argumento é absolutamente fundamental para a aprovação do projeto literário, uma vez que é ele que vai permitir ao editor avaliar a viabilidade do mesmo. E isso sem contar que, para o próprio autor, a releitura do argumento pode possibilitar atingir a *forma ideal* de seu livro muito antes de ter todo o trabalho de escrevê-lo.

Poderíamos dizer, portanto, que o *argumento funciona como a plataforma da idéia*.

E, também para o autor, antes de mostrar o projeto para o editor, o argumento serve para que ele se auto-avalie e veja se tem

73

mesmo fôlego para chegar ao fim do romance que pretende escrever...

Na elaboração do argumento, precisamos levar em conta que ele deve mostrar claramente a *localização da estória no tempo e no espaço, o percurso da ação e o perfil do ou dos protagonistas.*

1. Localização no tempo e no espaço

Também chamada de *temporalidade*, ela tem por função exatamente o que o nome diz: dar claramente a data e mostrar o lugar onde a estória se passa.

Há que se evidenciar que a localização no tempo não significa dizer apenas quando a estória começa ou quando ela termina, mas sim *mostrar nitidamente e de forma absolutamente compreensível a totalidade de tempo abrangida pela estória.* Assim, por exemplo, a estória tem início no ano tal e termina tanto tempo depois.

Note-se, no entanto, que essa noção de tempo pode não ser dada por meio de datas precisas. O autor terá toda a liberdade de localizar no tempo a sua estória usando meios indiretos, como, por exemplo, situações políticas de um determinado país, acontecimentos mundiais de conhecimento da maioria das pessoas e que ocorreram *imediatamente antes, durante* ou *imediatamente após* a sua estória, ou ainda, fazendo uso de descrições de vestimentas, armas, aparelhos, carros, aviões e outras tantas coisas e inventos que possam caracterizar uma determinada época. O importante é que o leitor tenha uma noção perfeita de quando é que tudo o que ele está lendo aconteceu.

Como sempre, há exceções e o autor pode querer deixar o leitor em total e absoluta suspense, sem saber o *quando.* Isso é muito freqüente em livros sobre ficção científica e, pessoalmente, não acho uma boa forma de desenvolver um romance.

A noção de tempo pode ser *contínua,* quando a estória começa em uma determinada data e segue acompanhando normalmente o percurso lógico do tempo, ou *descontínua,* quando o autor não respeita a normalidade cronológica e avança ou retrocede no tempo ao seu bel-prazer. A utilização de um simples *flash-back* já caracteriza o *tempo descontínuo.*

74

No argumento, a descontinuidade do tempo deve ser explicada, pois, como se trata de um resumo, *quebrar* a cronologia sem dar as razões e sem *dar pistas claras* para o editor, pode implicar confusão e má interpretação, podendo até pôr a perder um trabalho que acabaria sendo excelente.

Aqui, quando cuidamos da temporalidade de um argumento, a pesquisa é de extrema importância. Não podemos correr o risco de localizar uma estória na década de cinqüenta e falarmos de, por exemplo, roupas de microfibra ou de um acontecimento mundial que ainda não ocorreu. Há um exemplo dramático de um *furo* desse calibre no formidável romance *A História secreta*, de Donna Tartt, quando, em uma ação ocorrida em 1983, ela afirma que *Hampden tem agora o seu Salman Rushdie*. Nessa ação, o narrador estaria falando no ano de 1983 e Rushdie só se tornou conhecido em 1989, quando foi condenado à morte por Khomeini.

Quanto à *localização no espaço*, o argumento deve informar com precisão o local onde acontece a estória, suas peculiaridades, características principais e, se fictício, uma breve e sucinta descrição que permita o estabelecimento de um parâmetro de comparação com algum outro local já existente.

Falamos de um *lugar fictício* e é interessante explicar...

Há ocasiões, principalmente quando se trata de um romance de cunho político ou policial e cujos personagens, de uma maneira ou de outra, poderiam ser identificados com personagens da vida real, em que é de todo aconselhável *criar* um local absolutamente fictício. Contudo, para que o romance tenha graça, é bom que haja *pontos de identificação* com o lugar real onde *nasceu* a idéia do livro. Assim, esses referidos *pontos em comum* podem ser desde estilos arquitetônicos, acidentes geográficos e monumentos, até características climáticas, etnológicas, lingüísticas e culturais.

Freqüentemente encontramos a localização no tempo *embutida* na própria estória — quando não é absolutamente necessário mencionar qualquer data, pois todo o percurso da ação se passa em uma época mais do que conhecida universalmente, como a Segunda Grande Guerra, por exemplo — ou então incluída na localização espacial —, que é o que ocorre nas estórias da conquista do Oeste dos Estados Unidos.

Da mesma maneira, a noção de temporalidade pode não ser tão importante assim, em termos de datas fixas ou bem determinadas. Importa apenas a época, um determinado lapso de tempo na história de vida do ou dos protagonistas.

É o caso de *Fraude Verde*, em que a noção da época é dada pelo fato de se estar executando reflorestamentos sob incentivos fiscais, fato este que ocorreu com maior intensidade durante os anos 70 e parte dos anos 80.

2. Percurso da ação

Como já dissemos antes, a *story-line* precisa apresentar o conflito, mostrar como ele vai se desenvolver e, por fim, contar como ele será solucionado.

Tudo isso em no máximo três sentenças e umas poucas linhas.

No *argumento*, trataremos com mais detalhes exatamente desses três tópicos, encadeando e formando o *percurso da ação* que é, no frigir dos ovos, o *encadeamento de acontecimentos gerados ou geradores de conflitos, que vão se desenvolvendo e chegando a soluções no decorrer da estória.*

Isso, em resumo, é a essência do argumento.

É nessa etapa do projeto literário que *montamos o cenário* em que acontecerá a nossa estória, começamos a apresentar e a construir os personagens e mostramos com a maior clareza possível o conflito ou os conflitos que terminaram por gerar a estória e que são, fundamentalmente, a base de tudo.

Notem bem que eu disse, quando me referi aos personagens, que *começamos* a construí-los.

Sim, pois, nesta fase, apenas mostramos quem eles são e... apenas os principais.

O estudo mais detalhado do percurso da ação será feito no correr dos capítulos seguintes, quando tratarmos da efetiva execução do romance.

3. Perfil do ou dos protagonistas

Muitos estudiosos de técnica literária preferem fazer o estudo do personagem principal ou protagonista juntamente com o percurso da ação.

Pessoalmente, acho mais conveniente analisá-lo à parte e... Vou mais longe.

Não me basta apenas o perfil do protagonista mas creio ser necessário, também, um estudo mais detalhado dos perfis dos demais personagens de maior e até de média importância que deverão aparecer no romance.

Isso facilita a avaliação do projeto por parte do editor e serve de guia para o autor quando ele, de fato, começar a escrever a sua obra.

Protagonista é o herói, é o ser que centralizará a ação dramática, que viverá e deverá solucionar o conflito exposto na *story-line*.

Vejam bem que eu disse *ser*.

Isso porque o protagonista não precisa ser, obrigatoriamente, uma pessoa. Pode ser um animal, um objeto inanimado, uma pessoa ou um conjunto de pessoas. O que importa é que o protagonista, de alguma maneira, possa interferir no conflito ou conflitos apresentados, de forma efetiva e clara.

Também falei que o protagonista *deverá* solucionar o conflito sugerido.

Claro...

Há muitos romances em que o protagonista acaba derrotado e sem solucionar coisa nenhuma. Quando isso ocorre *por intenção* do autor, o romance pode ficar — para uns e outros — *frustrante*, mas não perde o seu valor. Já se o personagem e o enredo tomaram as rédeas das mãos do autor e acabaram dominando a situação de tal maneira que a finalização da estória terminou fora do controle de quem a escreveu...

Bem...

Daí o caso é outro.

E é lamentável.

Na gama de personagens que compõem o *elenco* de um romance, existe uma bem nítida hierarquia terminológica, a saber: *protagonista* é o personagem principal, é o personagem-base do núcleo de ação dramática, está em primeiro plano e deve ser muito bem estruturado em todos os sentidos; *coadjuvante* é o personagem que está e caminha ao lado do protagonista no percurso da ação, pode ser um ou vários, precisa de menos estruturação do que o protagonista e, geralmente, surge no decorrer da estória enquanto o protagonista já nasce com ela, já faz parte da idéiamãe; *extras, elementos de ligação* ou *componentes dramáticos* são os demais personagens, que surgem durante a estória para *ajudar* na solução dos conflitos e praticamente não necessitam de estruturação maior do que a mínima.

Embora haja essa *hierarquia*, e no que pese ter sido dito que a estruturação importante é a do protagonista, *todos os personagens do romance* devem estar *gabaritados* dentro de alguns requisitos indispensáveis e que serão aprofundados ou não, em cada um desses personagens, de acordo com o papel que tenham de desempenhar no percurso da ação.

Esses requisitos são:
a) Nome
b) Pertinência
c) Personalidade e características
d) Verossimilhança
e) Facetas antagônicas

Assim, vejamos:

a) Nome

Costuma-se dizer que o nome revela a classe social e o caráter do personagem. Nos nossos romances, vamos respeitar essa *sabedoria popular*, desde que a estória o permita e assim o bom senso o exija. Dessa maneira, personagens endinheirados e importantes, via de regra, têm nomes compostos e os mais humildes, nomes bem populares. Os apelidos são válidos e nós os usaremos sempre que possível e desde que eles de fato se identifiquem com o personagem e bem o caracterizem. Devemos evitar apelidos excessivamente jocosos, a menos que a estória assim o peça. Seria um absurdo chamarmos, no *Fraude Verde*, o protagonista de *Leitãozinho*, que é o apelido do chefe gaulês Abracurcix, dos quadrinhos de Asterix, ou, ainda, de *Abobrinha*, pelo fato de José Ronaldo ser um engenheiro agrônomo. *Nomes-clichês*, como Benedita para uma empregada doméstica, Severino para um empregado de fazenda, Raimundo para um capataz ou Oscar para um *nouveau-riche*, também podem ser utilizados, desde que com um certo cuidado. Aliás, os nomes ditos *clichês* podem ser criados pelo próprio autor com a finalidade de evitar confusão, especialmente quando se produz muitos livros. Na época em que eu escrevia estórias de faroeste como um padeiro faz pão, para evitar a trabalheira de ter de estar voltando no texto para ver como se chamava o *barman*, o médico ou um xerife de pouca importância, estabeleci que *todos* os meus *barmen* seriam chamados de Larry, que *todos* os médicos seriam Ferguson e todos os xerifes pouco importantes seriam Masters. Seguindo o mesmo princípio, uma prostituta mexicana ou uma dona de bordel seria Dolores e o padre católico deveria ser espanhol e chamar-se Ignacio. Já nas estórias policiais e de espionagem, as coisas não eram tão *padronizadas* assim, mas, mesmo sendo obrigado a uma variação maior, o chefe de polícia, na maior parte das vezes, era Killingworth, sua secretária seria Pamella ou Priscilla e seu primeiro assistente seria Jimmy. No *batismo* de nossos personagens, vamos esbarrar em um fenômeno dos mais interessantes: temos muito mais facilidade para escolher bonitos nomes femininos do que masculinos e — o mais curioso! — simpatizamos mais com nomes masculinos estrangeiros do que com os tupiniquins...

b) Pertinência

Na imensa maioria das vezes, a estória é a base sobre a qual se assenta o protagonista, ou seja, ele é criado a partir da estória e não a estória criada a partir da existência de um protagonista, muito embora tenha ficado bem claro que o protagonista *nasce com a estória*. Este fato é de suma importância e requer cuidados muito especiais, pois, quando começamos a estruturar nosso personagem principal, a primeira providência a ser tomada é a de fazer com que ele esteja perfeitamente adequado ao tema da estória que pretendemos contar. E essa *adequação* — ou *pertinência* — deve acontecer em todos os pontos, inclusive no tempo, no espaço e na *filosofia*, ou seja, na maneira de pensar e de agir do protagonista e/ou personagens. Exemplificando, não podemos pôr um homem com mentalidade de samurai em Roma dos Césares assim como não podemos pôr um gladiador na Segunda Guerra Mundial. Da mesma forma, se descrevemos um professor de Latim, dificilmente faremos idéia dele como um boxeador... É claro que podem existir aberrações, mas, nesse caso, elas deverão estar explicitadas, pois editor nenhum vai entender que um pacato pároco de interior seja visto espancando com as mãos nuas um mau marido que, na véspera, divertira-se surrando a própria esposa. Também faz parte deste item a *adequação de vida social e de posses*. Um homem rico certamente terá bons automóveis, morará em um local bonito e bem cuidado, andará bem vestido e freqüentará lugares da moda. Evidentemente, ele poderá ser excêntrico e fazer tudo ao contrário... Mas, aí, o autor terá de explicar essa faceta da personalidade do protagonista e... de qualquer maneira, ele estará *pertinente* à estória, pois esta exigirá que o protagonista se comporte assim.

c) Personalidade e características

Neste item, cuidaremos da descrição completa do protagonista. Diremos seu tipo físico, sua maneira de gesticular e de falar, contaremos como ele se veste e como se comporta. Cuidaremos de *montar* a sua personalidade de acordo com o papel que ele deverá desempenhar no percurso da ação e isso quer dizer que precisaremos falar sobre suas ambições, seus sonhos, suas frustrações, seus problemas mais íntimos, sua posição política, sua religião e a maneira como ele enfoca a religião dos outros, seu grau de sensibilidade, seu grau de intelectualidade e de cultura etc. Desenvolver o máximo possível o personagem é, sem dúvida, um trabalho dos maiores e dos mais complicados. Porém, é amplamente recompensado quando partimos para a execução do percurso da ação, já que o perfeito conhecimento do protagonista facilita imensamente o desenvolvimento do romance. É muito importante estabelecer, na estruturação do protagonista, a relação e a interação entre seu intelecto e sua emotividade. Para compreender, basta lembrar que um professor de física, tímido, introvertido e autêntico *bicho-de-livros*, dificilmente estaria bem dentro da própria pele, em uma noitada de boêmia... Contudo, é importante dizer que o protagonista pode e deve *mudar* durante o percurso da ação, de acordo com os conflitos que surgem e que vão sendo solucionados. Assim, um homem duro, racional, inflexível, pode se transformar, por causa do amor de uma mulher ou por causa do carinho de uma criança, em um homem sensível, sentimental e emotivo. Para finalizar este item, devo lembrar que o autor comporá seu personagem tanto mais facilmente quanto maior for a sua capacidade de observação do quotidiano. Alguém que *vive a vida* tem mais possibilidades de estruturar um personagem do que aquele que passa seus dias enclausurado como um frade trapista ou enfurnado em sua *caverna* como um urso, evitando ao máximo qualquer contato social e sem querer pôr o focinho do lado de fora. Lembremos que o bom autor de romances é uma pessoa do povo, um cidadão do mundo, capaz de ver e enxergar tudo, capaz de compreender — ou de pelo menos tentar compreender — todas as nuances da personalidade humana. Em tempo: nem todos os autores — e eu sou um deles — descrevem claramente seus personagens; apenas apontam as linhas gerais dos mesmos, deixando por conta da imaginação dos leitores os demais detalhes.

d) Verossimilhança

Um dos principais objetivos de quem escreve um romance é fazer com que o leitor se identifique com o protagonista ou com, pelo menos, um dos personagens. Para que isso possa acontecer, é preciso que protagonista e personagens sejam *reais*, o que quer dizer que eles devem se aproximar o mais possível dos seres humanos comuns — obviamente, quando estamos falando de protagonistas humanos. Assim, as *escalas de valores naturais* devem ser respeitadas e o protagonista precisa apresentar os chamados *valores universais*, decorrentes da velha definição que o *homem é um animal político, social e gregário*, tais como a moral, a ética, a sensibilidade afetiva, a tendência política etc., e os *valores individuais*, que são característica pessoal do protagonista e que poderiam ser, por exemplo, o gosto pelas mulheres bonitas, o ódio à promiscuidade, a aversão a quiabo etc. Tudo isso deve ser levado em conta na *montagem* do *personagem* e quanto mais características humanas conseguirmos dar a ele, melhor estruturado ele será e mais fácil será desenvolver a estória em si. Em um romance *normal* — que não trate de super-heróis cinematográficos *à la Spielberg* e nem fale de ficção científica, terror ou realismo fantástico — o protagonista *precisa ser uma pessoa tão normal quanto o leitor*. Isso exatamente para facilitar a identificação deste com aquele. Dessa maneira, nada de fazer o protagonista saltar um obstáculo de dez metros de altura e cair do outro lado inteiro e de pé, nada de fazê-lo bater em dez malfeitores ao mesmo tempo...!

e) Facetas antagônicas

Um bom autor se revela na complexidade de seus personagens e essa complexidade, no fundo, nada mais é do que o espelho cristalino da vida real. Assim, é preciso considerar que o ser humano, justamente por ser complexo em sua personalidade, é muito instável e, por vezes, imprevisível. Quando achamos que ele vai reagir de uma determinada maneira, o que acontece é uma atitude no sentido diametralmente oposto. Ora, o protagonista e os demais personagens do nosso romance, uma vez humanos, também precisam ter essa labilidade e essas complexidades. Ou seja, é preciso que existam em suas personalidades, pelo menos, algumas *facetas antagônicas*. São esses antagonismos que colocamos em nossos personagens que lhes dão a sua *identidade* e a sua *originalidade*. Dessa maneira, o protagonista, apesar de ser sempre enfocado como *herói*, também deve ter suas fraquezas, seus medos, suas angústias. Como qualquer ser humano normal, deve saber chorar, rir, precisar de afeto, sentir raiva, amar, ter ciúmes, admirar, invejar... Por sua vez, o *vilão*, ainda que sempre odiado pelo leitor que se integre de fato à estória, também pode ter seus laivos de bondade, pode ser caridoso, ter um grande amor na vida, adorar uma criança, ser religioso, gostar de trabalhar...

Assim, vimos como compor o item *argumento* do nosso projeto literário.

Evidentemente — e vocês poderão observar no exemplo *Fraude Verde* — não se põe no papel tudo isso.

Na realidade, fazemos apenas um resumo do estudo e da pesquisa realizada para que possamos ter em mãos um projeto bem-feito, que explique bem nossas intenções e que possa *convencer* o editor.

A partir deste momento, e desde que o projeto tenha sido aprovado, começaremos a escrever, efetivamente, o nosso romance.

O PROCESSO DE CRIAÇÃO

Escrever o romance!

Sem dúvida nenhuma, é a parte mais difícil, que exige maior sacrifício por parte do autor e que depende, em pelo menos 98%, de muito suor e canseira. Os outros 2% ficam por conta da sorte e do talento...

É nesta fase que vamos utilizar efetivamente o *processo de criação*.

Um processo que, apesar de não ser constituído por regras e normas rígidas, necessita de uma certa metodologia para que o autor não se perca e não corra o risco de, de repente, perceber que não é mais dono do enredo, que os personagens estão fazendo o que bem entendem ou, o que é ainda pior, no meio de uma frase, descobrir que não sai mais nada...

A máquina travou, emperrou, a *inspiração* acabou e o livro... Simplesmente parou.

O projeto — a cópia dele, bem entendido — e todas as anotações e pesquisas que fizemos para torná-lo inteligível para o editor serão extremamente necessários e úteis a partir deste momento.

Vejam bem: não estou querendo dizer que o escritor terá a obrigação de se escravizar ao projeto inicial, seguir à risca o argumento e obedecer do princípio ao fim a *story-line*.

Muito pelo contrário, o que mais comumente acontece é o romance ficar bem diferente do que se tinha planejado no início.

É normal, não se assustem.

Não são poucos os escritores que, depois de terem terminado o livro, começam outro, completamente diferente, e este sim, seguindo mais de perto o projeto que tinha sido apresentado ao editor.

Mas, estamos iniciando...

Ainda estamos na fase de, da melhor maneira possível, seguir os passos que marcamos e os limites que nos impusemos no projeto.

Assim, tê-lo ao alcance da mão o tempo todo é altamente aconselhável e ter em mente algumas pequenas regras, bem como conhecer algumas definições e pensar em alguns *caminhos alternativos*, é de fundamental importância.

Exatamente: caminhos alternativos.

Da mesma maneira que o piloto, ao traçar o seu plano de vôo é obrigado a pensar em todos os pousos alternativos no percurso da rota, nós os escritores também temos a obrigação de saber de que maneira poderemos *mudar* a rota do romance, desde que isso se torne necessário.

E não devemos ter medo de tomar essa atitude!

Ainda mais hoje em dia, com a informática a nos assessorar, permitindo idas e voltas pelo texto com um mínimo de trabalho, possibilitando *armazenar* tanto dados e informações, quanto trechos, parágrafos, frases, palavras e tudo mais que acabam por constituir a matéria do romance e que podemos *jogar* de uma página para outra, de um capítulo para outro ou, simplesmente, jogar fora, quando percebemos que *aquilo* está demais, que não ficou bom ou que não era bem exatamente o que queríamos ter dito.

Porém, com toda essa *falação*, não dissemos efetivamente grande coisa e acho que vocês têm todo o direito de se aborrecer...

Precisamos começar a escrever e o início, o *sair da inércia*, é sem dúvida o pior pedaço da vida de um escritor.

Há a famosa *síndrome do papel em branco* e que hoje já está transformada na *síndrome do arquivo vazio* no computador.

Não existe, de fato, nada mais angustiante do que aquele pedaço de papel sem nada escrito, diante de nossos olhos, *dizendo-nos* que está pronto para receber as nossas idéias, convidando-nos, literalmente, para enchê-lo...

E a mente...

Ah, a mente, essa preguiçosa!

Ela está completamente oca, vazia, sem conseguir pôr para fora nenhuma idéia.

Vamos pedir socorro para o projeto, para a *story-line*.

Ali está a idéia que tivemos, ali está a diretriz para... alguma coisa.

Muitos escritores famosos, quando perguntados sobre o seu processo particular de criação, dizem: *Eu penso em um bom começo e deixo a coisa fluir*.

Sem dúvida, é um excelente método, mas, para quem já tem alguma prática de escrever e, principalmente, de montar idéias.

Ora, não é ainda o nosso caso.

Em compensação temos, lutando ao nosso lado, ombro a ombro conosco, um computador e um programa de edição de textos que permite fazer quase o diabo com o que criamos.

Assim, para que pensar em um bom *começo*?

Vamos é pensar em qualquer coisa, em qualquer trecho do romance que estamos querendo escrever e, desde que esse trecho, de alguma maneira, esteja pertinente à *story-line*, vamos passá-lo para o monitor e depois, à medida que *a coisa* for evoluindo, nós decidiremos se faremos esse texto ser o prólogo, o capítulo primeiro, um capítulo intermediário qualquer, ou o epílogo do romance.

O importante é sair da inércia, é começar, ainda que andando de lado, como um siri.

Um bom truque para começar, é descrever o ambiente em que se passará pelo menos parte da ação dramática, descrever o protagonista ou, ainda, fazer um breve *estudo* histórico sobre a época em que a estória acontecerá.

Na época em que eu escrevia estórias de faroeste, uma vez decidido que eu escreveria uma novela sobre um roubo de gado praticado por mexicanos, costumava iniciar o livro dissertando sobre o que tinha acontecido de importante na política mexicana na época em que minha estória iria ocorrer. Outras vezes, já sabendo que teria de *pôr uma mocinha* mais aculturada e rica no enredo, iniciava a novela por, por exemplo, uma exposição de pintura em Paris, lugar para onde essa *mocinha* teria ido com a finalidade de aperfeiçoar seus conhecimentos artísticos. Para completar os exemplos, era muito freqüente associar a crise de desemprego no leste dos Estados Unidos com as vitórias dos trabalhadores no Congresso e com a chegada dos imigrantes italianos e poloneses a Nova York... Nas estórias policiais e de espionagem, uma das formas ideais de *arranque* é a descrição de um aeroporto qualquer, onde o protagonista deverá embarcar ou desembarcar, ou, ainda, onde o *antagonista*, por uma razão qualquer, venha a se encontrar.

Como se pode ver, tudo é válido para *deslanchar*...

Contudo, é muito importante lembrar que de nada adianta *partir*, se não houver fôlego para *chegar*...

CONFLITO

Podemos afirmar que o *conflito* é a base da estória, o alicerce principal do drama.

Sem conflito não existe drama, e sem drama não existe a estória.

Já dissemos, anteriormente, que a estória deve se lastrear em três pontos: a *apresentação do conflito*, o *desenvolvimento do conflito* e a *solução do conflito*.

Também já dissemos que a estória deve ser o mais verossímil possível e isso significa que ela deve ser um *espelho da vida real*.

Ainda que o tema seja absolutamente fantástico, o *drama* em si deve refletir dramas humanos comuns, situações possíveis de acontecer e, obviamente, o desenvolvimento da estória deve levar a soluções lógicas.

Ora, o ser humano evolui por meio dos conflitos que lhe são apresentados ou impostos e das soluções que encontra para eles. Os caminhos do homem sempre mostram uma dualidade — ou seja, sempre são conflituosos — obrigando-o a uma opção. Essa opção é o início do desenvolvimento do conflito apresentado e o final, o alcançar ou não um determinado objetivo, é a sua solução.

O protagonista e os personagens de nossa estória, uma vez humanos, também precisam passar por conflitos e solucioná-los, para que tudo tenha nexo, verossimilhança e, o que é mais importante, seja compreendido e aceito pelo leitor.

Ao escrevermos um romance, devemos considerar o *conflito* como sendo a confrontação dos personagens com forças intrínsecas e extrínsecas a eles, bem como ao ambiente em que estão vivendo.

Do desenvolvimento e solução desse confronto vai depender não apenas o sucesso da obra mas, principalmente, a sua *qualidade literária*, deixando-se de lado, no nosso caso, o item *erudição*.

De um modo geral, podemos considerar três tipos principais de conflitos a serem apresentados na estória: *conflitos inter-humanos, conflitos entre homem e natureza* e *conflitos pessoais.*

Nos *conflitos inter-humanos*, o personagem é levado a se confrontar com outra ou outras pessoas. É o caso de Romeu e Julieta, onde eles tinham de enfrentar suas respectivas famílias.

Os *conflitos entre homem e natureza* surgem quando o personagem ou personagens têm de enfrentar os fenômenos naturais como tempestades, incêndios, terremotos, o mar, o ar, um vulcão... Neste item podem ser incluídos os conflitos gerados entre o homem e um ou mais objetos ou obstáculos de qualquer natureza que não seja humana. É o caso de *O velho e o mar*, de Hemingway.

Finalmente, nos *conflitos pessoais*, devemos incluir os dramas particulares dos personagens, suas angústias, medos, dúvidas, anseios, ambições etc. É o caso de *O encontro marcado.*

Na *montagem* do conflito para a sua apresentação no âmago da estória, podemos nos valer de três perguntas cujas respostas serão de grande valia para o desenvolvimento do romance. Note-se que essas perguntas deverão ser feitas a nós mesmos e, evidentemente, respondidas com total sinceridade e absoluto conhecimento.

São elas:

1) Qual é o conflito principal da estória?

2) Em que momento ele é apresentado ao leitor?

3) Qual é a sua importância para o protagonista e para a estória em si?

Lembraremos aqui que o conflito não precisa ser apresentado ao leitor logo no início do livro, muito pelo contrário. Deixar para um pouco mais tarde essa apresentação pode criar um clima de suspense muito bom. Porém, é indispensável que o conflito tenha, de fato, importância para a estória em si e principalmente para o personagem. Seria um desastre, por exemplo, colocarmos, em uma estória de guerra, um conflito de âmbito financeiro do protagonista, como vender ou não uma sua propriedade em um lugar qualquer que nada tenha a ver com a guerra ou com as conseqüências dela...

O conflito ou conflitos a serem apresentados devem ter importância básica, explícita e absolutamente pertinentes à estória e à personalidade do personagem.

Nesse ponto do processo de criação, quando já sabemos qual o conflito ou conflitos a serem enfrentados, devemos avaliar as suas *qualidades*.

Fundamentalmente, o conflito deve apresentar três qualidades: *motivação*, *correspondência* e *ponto de identificação*.

A *motivação* nada mais é que a *justificativa do conflito*.

Tanto o conflito principal quanto todos os outros, secundários em uma estória, têm de ter uma razão de existência e essa razão há que ser suficientemente convincente para fazer com que o leitor *admita a validade do conflito*. Ou seja: o leitor precisa compreender uma determinada situação da estória como grave o bastante para gerar um conflito. No exemplo citado há pouco, vender ou não uma propriedade em pleno tempo de guerra não é motivo bastante para gerar um conflito que justifique a existência dessa mesma estória. Uma guerra gera conflitos mais sérios...

A *correspondência do conflito* é a relação de cumplicidade criada entre o personagem, seu conflito e o leitor.

Assim, o objetivo do autor deve ser, quando da estruturação da estória, ao construir o personagem e apresentar o seu conflito, fazer com que o leitor se identifique plenamente com a situação que foi criada, bem como com pelo menos um dos personagens da estória, de preferência com o protagonista da mesma.

O *ponto de identificação* é, na realidade, a somatória das duas outras qualidades aqui referidas, o que faz concluir que, no conflito apresentado, havendo boa *motivação* e boa *correspondência*, certamente haverá um excelente *ponto de identificação*.

89

Toda e qualquer estória, para que venha a ser um *sucesso*, precisa ter um ou vários pontos de identificação com o leitor.

Ou seja: o leitor precisa *entrar* dentro da estória e *vivê-la* integralmente, identificando-se, como já disse, com pelo menos a situação em que tudo se passa. Assim, o conflito apresentado *poderá ser de qualquer um* e, mais especificamente, *será* daquele que estiver lendo a obra.

Em resumo, o *ponto de identificação* é aquele instante em que o leitor realmente se emociona com a estória e se vê transportado para a essência do livro.

Por isso, podemos dizer que *qualidade de um conflito é o conjunto de fatores que levam o leitor a, de fato e sinceramente, se envolver com a estória.*

PLOT — O CENTRO DA AÇÃO DRAMÁTICA

Denominamos *plot* ao conjunto de ações e acontecimentos que determinam a razão de ser da estória.

Plot é a espinha dorsal do percurso da ação, a linha que concatena e coordena as idéias, as ações, os personagens e seus conflitos, bem como as suas soluções.

O *plot* precisa ser absolutamente *completo* e *enxuto*.

Isto quer dizer que ele precisa, em primeiro lugar, ter *princípio*, *meio* e *fim* e, em segundo, não conter nada além daquilo que é estritamente necessário, assim como não lhe deve faltar nenhum ponto.

Com isso, podemos inferir que o *plot* de um romance precisa ser *lógico* e não se pode romper essa lógica sem comprometer profunda e definitivamente o seu todo.

Na estruturação do *plot*, é necessário levar em conta — como já dissemos anteriormente — a *verossimilhança*. Não se pode incluir em um *plot* acontecimentos fisicamente impossíveis ou mesmo apenas improváveis, como, por exemplo, o protagonista levar um tiro no peito, sangrar abundantemente e, ainda assim, conseguir dirigir um caminhão por várias horas até conseguir socorro.

Do cuidado do autor com a *verossimilhança* resultará a *credibilidade* de sua idéia e, conseqüentemente, de sua obra. Um *plot* inverossímil levará a uma estória no mínimo jocosa e, se a intenção do autor era escrever um drama, poderá se surpreender mui-

91

to desagradavelmente quando a crítica classificar sua obra como uma *comédia*.

Quando escolhemos escrever um romance com a pretensão de que ele venha a se tornar um *best-seller*, devemos lembrar que:

1) Os *plots lineares* têm a triste tendência de se tornar maçantes.

2) O público aprecia romances que apresentem no mínimo três *plots*: o *plot principal* e dois *under-plots*.

3) *Plot* e *under-plots* necessariamente precisam se *encontrar* — ter pontos em comum — no decorrer do romance, não importando quantas vezes e nem em que momentos da estória esses encontros ou correspondências aconteçam.

Os *under-plots* têm por função enriquecer o *plot principal* e influenciá-lo, formando contrastes, parâmetros de comparação e, muitas vezes, *explicando* as essências uns dos outros. Da perfeita interação entre o *plot principal* e os *under-plots*, bem como entre os próprios *under-plots*, dependerá o bom entendimento do romance e a sua qualidade literária.

Costumo comparar a estrutura de *plots* à carenagem de um barco: a madeira da quilha seria o *plot principal* e as longarinas laterais seriam os *under-plots*, tudo ligado entre si pelo madeiramento da estrutura do casco, que seriam os *pontos de correspondência* entre o *plot principal* e os *under-plots* que, por sua vez, também estão ligados e correspondidos entre si, ainda que indiretamente.

Quando escrevo um romance que apresenta mais do que um *plot*, costumo apresentá-los separadamente, no prólogo do livro. Depois, no desenvolvimento do romance, eles serão tratados individualmente e irão se encontrar na segunda parte do livro em diante, já quando os conflitos começam a ser definitivamente solucionados.

Esse recurso permite muitas facilidades, inclusive a possibilidade de se *brincar* com o fator *tempo*, fazendo um determinado *under-plot*, por exemplo, começar em uma época muito anterior à do *plot principal* e, na segunda parte, por um mecanismo de *flash-back*, trazê-lo de volta para então cuidarmos de seu pleno desenvolvimento até chegar à data *atual*.

O tratamento que deve ser dado a cada *plot* de nossa estória, seja esse *plot* o principal ou um *under-plot*, deve ser completo.

Isso quer dizer que cada *plot* precisa ter seus personagens próprios — que podem ou não ser coincidentes com os personagens do *plot principal* —, precisa ter seu conflito próprio, precisa mostrar o desenvolvimento desse conflito graças à ação e à interação dos personagens, e deve chegar à solução do conflito.

É importante lembrar que os conflitos apresentados e desenvolvidos nos *under-plots* necessariamente precisam influenciar no conflito do *plot principal*, ainda que subliminarmente. Uma coisa é um *under-plot* e outra, completamente diferente, é uma estória solta no meio da estória principal, sem nada terem a ver uma com a outra.

Esta interação entre os *plots* de nossa estória não deverá ser das tarefas mais difíceis e complicadas de realizar, uma vez que temos em mãos o *projeto literário*, onde já traçamos uma espécie de mapa do que pretendemos escrever. Ainda assim, é preciso estar sempre atentos para que a *idéia* não *fuja* dos trilhos que lhe impusemos tanto na *story-line* quanto no argumento e, isso sim, é um pouco mais complicado, uma vez que muitos de nossos personagens podem vir a ser donos de uma personalidade e de um caráter tão fortes e marcantes, que acabem por nos dominar e, se não tomarmos cuidado, *morderão o freio* e nós não mais os controlaremos.

E esse tipo de desastre precisa ser evitado a qualquer preço.

Mesmo que o preço seja jogar tudo na cesta de lixo, começando outra vez.

Aconselho o escritor iniciante a fazer um verdadeiro e bem minucioso *mapa* do romance que pretende escrever, assinalando em evidência o *plot principal* e marcando, nos *under-plots*, os seus pontos de encontro com o *plot principal*. Esta é uma maneira bastante simples e fácil de evitar *perdidas* e confusões, com os conseqüentes desperdícios de tempo e o desgaste emocional causado pela lamentável descoberta de que se está trilhando um caminho errado e que, por isso, é preciso começar tudo de novo.

Sugiro que se siga, no desenho desse mapa, o exemplo da carenagem de um barco.

Neste capítulo, é preciso mencionar que há uma tendência *pseudomodernista* de se escrever obras de ficção onde não se encontra *nitidamente* um *plot principal*. Nessas obras, a maior parte delas escritas por *intelectualóides não-escritores*, nota-se a preocupação do autor em sair do nada para chegar a lugar nenhum. O resultado final é sempre desastroso e, ainda que existam leitores que dizem ter entendido e adorado a obra, uma análise mais cuidadosa da mesma resulta em não se achar qualquer fundamento, seja do ponto de vista ficcional, seja do ângulo da literatura em si e, portanto, não há nenhum sentido na existência do livro.

Se bom é não o ler, melhor ainda teria sido não o escrever.

ESTRUTURA DO ROMANCE

Uma vez estando pronto tudo o que foi dito até agora, depois de determinados e estruturados tanto o *plot principal* quanto os *under-plots*, o protagonista e demais personagens, você estará pronto para começar o processo de estruturação de sua história.

Como começar?

Por onde iniciar?

Minha sugestão é começar pelo fim.

Isso não quer dizer que o *formato final* de seu livro será esse, ou seja, as primeiras páginas correspondendo ao fim do enredo.

Na verdade, não deixa de ser uma boa idéia, mas, o que me leva a dar esse conselho é um outro motivo.

Sabendo o fim de sua estória, você terá uma linha mais *visível* de desenvolvimento do conflito, para seguir desde o começo até a sua resolução.

A comparação com uma viagem de automóvel é bastante válida. Você jamais entraria apressadamente em um carro e sairia dirigindo a esmo, sem ter um destino certo e específico em mente. Esta mesma lógica se aplica à sua estória. Durante todo o tempo, desde o momento em que você liga o computador e começa a digitar seu texto, obrigatoriamente terá de saber para onde está indo ou, no mínimo, onde quer chegar.

95

Há muitos escritores que afirmam *fabricar* a estória à medida que ela vai *andando*.

É claro que isso é possível, mas há que se entender que esses autores são exceção, são pessoas muito possivelmente superdotadas intelectualmente e, justamente por isso, nem sequer chegam a perceber que o que elas estão fazendo é *montar a estória no subconsciente*. Assim, no final das contas, esses *gênios* já têm, ainda que não o conscientizem, o enredo todo na cabeça e seu *espírito* está sabendo com exatidão o caminho a ser percorrido.

Mas, estamos falando de nós, de pessoas normais...

Se você tentar *fabricar* a sua estória à medida que for *andando* pelo percurso da ação, certamente correrá o sério risco de sair fora do tema ou, então, acabará se vendo obrigado a *forçar* os acontecimentos para que estes ocorram.

O resultado será desastroso e seu romance terá muita possibilidade de se tornar banal e vulgar.

Evidentemente, partindo-se do princípio, como disse há pouco, que você é uma pessoa normal. Se estiver qualificado como *gênio*, aí a conversa é outra e você nem mesmo deveria estar lendo este livro.

Conhecendo o final da estória, elimina-se a necessidade de voltar atrás no desenvolvimento do argumento, para criar cenas no romance que justifiquem a resolução do conflito apresentado. Essas cenas surgirão automaticamente, como se fossem etapas lógicas de um caminho a ser percorrido até um objetivo conhecido.

Assim, por exemplo, em *Fraude Verde*, o romance inicia explicando a aura de magia que cerca um acampamento cigano e a doença de Milka. Não falamos de sua morte, evidentemente, é preciso criar um ambiente de suspense. Porém, se nada disséssemos sobre essa magia, o final do livro ficaria *forçado* e, no percurso da ação, muitos acontecimentos ficariam inexplicados, o que, para ao menos um parcial entendimento por parte do leitor, tornaria necessários vários recursos de *flash-back* que, no caso, acabariam tornando a leitura senão cansativa, no mínimo confusa e complicada.

Iniciando a estruturação pelo fim da estória, você terá muitas facilidades e, entre elas, a possibilidade de trabalhar em duas direções: para a frente ou para trás.

Trabalhando a partir do começo, você cria todas as cenas necessárias que o levarão para a resolução do conflito que você mesmo criou e *deu de presente* ao protagonista. No cinema e em televisão, esse processo é chamado de *forward motion*. Obviamente, o contrário, o iniciar o romance a partir do fim, pode ser denominado de *backward motion*.

Nos *best-sellers*, exatamente como nos filmes e novelas de televisão, a *platéia*, no caso representada pela massa de leitores, sempre reage emocionalmente e não intelectualmente.

Ou seja, o leitor de um *best-seller* não deve precisar *pensar* para reagir, para se identificar com a estória.

O objetivo é *mostrar claramente a cena* e não fazer com que o leitor seja obrigado a arquitetá-la sozinho, em sua mente.

Por isso, todas as ações entre o começo do romance e a sua resolução devem ser relatadas e unidas pelos *forward* e *backward motions*, jogados em perfeita harmonia e cuidadoso equilíbrio para não *fundir* a cabeça do leitor.

É fundamental ter em mente que é sempre muito mais fácil criar uma situação que leve a uma solução já conhecida do que criar soluções que combinem perfeitamente com situações que surgiram a esmo e que justifiquem o enredo.

Seria o mesmo que puxar o piano ao invés de aproximar a banqueta...

Percebo, intuitivamente, que muitos de vocês estão com uma pergunta na ponta da língua: *Mas como saber o fim de algo que ainda não está escrito e que está apenas planejado?*

A resposta é óbvia: *definindo as necessidades de seu personagem principal, você estará basicamente preparando o final de sua estória, uma vez que ela deve terminar com essas necessidades perfeita e plenamente satisfeitas.*

Assim, ao iniciar a estruturação de seu romance, tenha já determinado o final de sua estória da maneira mais detalhada que puder. Dessa forma, você apenas terá de *encher os espaços topográficos e cronológicos* entre o começo e o fim.

Lembre-se, nessa etapa da estruturação, que é sempre mais do que aconselhável e conveniente usar os recursos de *forward* e *backward motion* simultaneamente, desenvolvendo o romance sempre nas duas direções, porém, com o necessário bom senso para obter um equilíbrio perfeito.

Nunca se esqueçam: *In medio virtus...*

Em tempo: trabalhar em *backward motion* não é a mesma coisa que trabalhar em *flash-back*. *Flash-back* é um retorno no tempo, marcado no percurso da ação por algum evento *que leve o protagonista ou personagem para trás no tempo, sem modificar o desenvolvimento básico da ação*. *Backward motion* é caminhar *do fim para o começo*, no *plot*.

Ainda na etapa de estruturação de seu romance, é necessário pensar com cuidado e carinho no *tamanho da estória*.

Imagine que seu livro será lido como se o leitor estivesse realmente assistindo a um filme.

Esse é o ideal, conseguir fazer com que nos digam que *parecia que eu estava assistindo a um filme* é a realização máxima de um *best-sellerista*.

Assim, imaginando que você está *escrevendo uma seqüência de imagens* e não apenas de palavras, a duração de seu romance, para uma leitura ininterrupta, não deve ultrapassar os 720 minutos, ou seja, doze horas de leitura ou, ainda, quatro sessões de três horas de leitura cada uma.

É claro que estamos considerando o leitor-padrão, aquele que é capaz de ler uma página em formato 14 cm × 21 cm, em tipologia Times New Roman, corpo 12, em 90 segundos, aproximadamente.

Também é preciso ter em mente que cada estória cobre um determinado período de tempo do personagem principal.

Isso vale tanto para o *plot principal* quanto para cada um dos *under-plots*, com seus respectivos personagens.

Esse tempo é bastante aleatório e pode variar de infinitésimos de instante até mesmo a vida inteira desse personagem com incursões perfeitamente permitidas em gerações anteriores e futuras do mesmo ou de outros *figurantes* que o cerquem.

Por uma questão de facilidade, é sempre conveniente limitar o tempo da história ao tempo necessário à ação do personagem que motivou a execução da obra.

As incursões no passado, através do processo do recurso de *flash-back*, podem ser a saída para *esticar* o argumento, bem como para explicar e justificar as ações do personagem principal e dos secundários.

Por outro lado, é interessante determinar a época em que se passa a estória de uma maneira bem clara para o leitor.

No caso dos *westerns* e dos romances cujos temas estão localizados em períodos históricos bem conhecidos, isso é relativamente fácil, pois a própria estória já conta a época. Ainda assim, no caso dos livros sobre faroeste, é preciso lembrar que o período de colonização e conquista do Oeste norte-americano foi de pelo menos dois séculos e que, no início, os equipamentos, insumos, armas e costumes eram muito diferentes daqueles que se empregavam nos últimos anos do século XIX, quando o Oeste já podia ser considerado totalmente conquistado. Nos livros policiais, de espionagem, romances, aventuras e mesmo de ficção científica, é fundamental definir a época da história para que o leitor não se perca. Como já foi dito, a reação do leitor de *best-sellers* é sempre emocional e não intelectual. Ele quer *ver, sentir* e até mesmo *escutar* a história, em vez de ter de pensar nela enquanto a lê.

Um recurso muito útil para o autor iniciante é a utilização do *tempo fixado*. Se você determinar um tempo fixado, ou seja, um momento determinado em que uma certa ação deverá acontecer, você poderá, com mais facilidade, criar um clima de tensão e suspense muito conveniente para a estória. Por exemplo, em *Fraude Verde*, em muitos momentos há *corridas contra o tempo* no que diz respeito à tentativa que Ronaldo faz para salvar Milka. O clima de *ansiedade* é passado para o leitor como se ele estivesse assistindo a um filme em que uma bomba relógio está prestes a explodir e o protagonista não está conseguindo desmontá-la e, invariavelmente, só o consegue nos segundos finais...

Porém, cuidado!

É preciso lembrar sempre que o *tempo fixado* deve ser considerado como um instrumento ou uma ferramenta da escrita dramática. Só pode ser utilizado se ele estiver perfeitamente ajustado à sua estória e ajustado de uma tal maneira que não dê a impressão de que o recurso está sendo usado em uma determinada situação unicamente para possibilitar a solução da mesma.

Ou seja: *não pode ser usado para forçar o desenvolvimento ou resolução de um conflito.*

A montagem da estrutura de um romance é a etapa mais importante na composição de um bom trabalho, pois é ela que assegura e controla efetivamente o desenvolvimento uniforme, constante e coerente de sua estória, desde o início até o fim.

A estória precisa ser clara e bem explícita, as cenas precisam ser muito mais objetivas do que subjetivas e não se deve cometer o crime do abstracionismo. É claro que um pouco de introspecção não deixa de ser interessante e enriquece o trabalho, mas não se deve abusar. A obrigação do *best-sellerista* é, antes de mais nada, escrever de tal maneira que o leitor entenda o que ele quis dizer sem qualquer dificuldade.

Basicamente, como já vimos, o verdadeiro *best-seller* precisa ser estruturado sobre três *pilastras*: *montagem da estória, montagem do conflito* e *solução do conflito*.

Evidentemente, deve existir interações e intercomunicações entre estes três aspectos de maneira a não torná-los *departamentos estanques*, o que tornaria a história maçante e sem graça.

Assim, podemos subdividi-los:

I — Montagem da estória

I.1 — Apresentação do personagem principal e dos principais coadjuvantes

I.2 — Estabelecimento da premissa da estória, do que ela diz respeito e das circunstâncias dramáticas que contornam a ação

I.3 — Colocação e fortalecimento do personagem principal

I.4 — Apresentação do ponto mais importante da trama

II — Montagem do conflito

II.1 — Exposição e desenvolvimento do ponto mais importante da trama

II.2 — Apresentação do segundo ponto mais importante da trama

II.3 — Apresentação e exposição dos obstáculos e confrontações para a resolução da trama

II.4 — Exposição e desenvolvimento do segundo ponto mais importante da trama

II.5 — Apresentação do terceiro ponto mais importante da trama

II.6 — Apresentação do início de soluções encontradas pelo personagem principal

II.7 — Exposição e desenvolvimento do terceiro ponto mais importante da trama

III — Solução do conflito

III.1 — Desenvolvimento das soluções encontradas pelo personagem principal

III.2 — Premiação do Bem

III.3 — Punição do Mal

III.4 — Risada final

Terminando a estrutura básica de seu romance, você terá em mãos o que eu chamo de *argumento desenvolvido*.

Nessa etapa, ainda não trabalhamos até a sua forma final muitos pontos do romance, como, por exemplo, as descrições mais detalhadas de pessoas e de lugares, a *injeção* de informações históricas e filosóficas e os diálogos.

Contudo, já temos um bom *esboço* do que será o livro.

Devemos então perguntar a nós mesmos:

- A estória em si, tem cabimento?
- Há verossimilhança?
- Tudo quanto cerca o enredo é possível?
- Nada está tendendo ao ridículo e absurdo?
- O encadeamento de idéias está perfeito?
- A estória está corretamente localizada no tempo?
- A estória está bem localizada no espaço?
- Há uma cronologia lógica?
- Não há erros históricos?
- Não há erros geográficos?
- Não há erros filosóficos?
- O protagonista está bem definido?
- O objetivo do protagonista está bem claro?
- Os demais personagens estão bem definidos?
- Há razão de ser para esses personagens?
- Quais são seus objetivos?
- Os *under-plots* têm cabimento?
- Os *under-plots* se pertencem e se correspondem?
- Os *under-plots* têm relação com o *plot principal*?
- A ligação entre eles está bem definida e explicada?
- O que se quer contar com esta estória?
- Há um fundamento moral nítido?

- Há uma base ética na estória?
- Os pontos polemizantes estão bastante nítidos?
- Todos os *plots* são capazes de emocionar o leitor?
- O percurso de ação estabelece cumplicidade com o leitor?
- A leitura está rápida e envolvente?
- A solução do conflito é viável?
- O clímax é capaz de chocar o leitor?
- O romance é capaz de preencher uma lacuna de mercado?

Evidentemente, depois de respondermos honestamente a nós mesmos essas perguntas, é sempre bom submetermos a leitura da estrutura do romance a alguém que tenha condições técnicas de opinar, pois é muito comum nós passarmos por cima de erros crassos e evidentes já que, em nossa mente, tudo está bem explicado e claro, o que pode não ser verdade para um leitor qualquer.

Além disso, há a lógica maior: o romance é como se fosse um filho nosso e, por isso, não lhe vemos os defeitos...

Na elaboração da estrutura do romance, a preocupação maior não pode ser com detalhes. Assim, não devemos nos preocupar com a gramática, com a ortografia, com a redação perfeita. É claro que, quanto menos erros existirem, melhor será, pois o trabalho final ficará menor. Devemos nos ater, o mais possível, à estrutura do livro em si, à sua *construção*.

Depois dessa etapa cumprida, depois da primeira autocrítica e da opinião de outras pessoas, poderemos passar à fase seguinte que, na construção de uma casa, corresponderia ao reboco.

A estruturação do romance servirá como *substrato* para as demais etapas, será a *base* onde aplicaremos a argamassa para completar a obra.

No caso dos romances que escrevo, é na fase de término da estruturação que eu começo a dar *palpites* na capa e na diagramação do livro, uma vez que, a essa altura dos acontecimentos, eu já tenho uma boa idéia do que será mais impactante para o leitor — idéia que será jogada na capa — e de quantas *partes* será composto o livro.

É justamente aí que eu começo a pôr doido o meu editor...

DIÁLOGO

O sucesso de um romance depende em grande parte da habilidade do autor em montar os diálogos entre os personagens por ele criados.

Não é segredo para ninguém que muitos leitores — aliás a imensa maioria deles — só compram livros que tenham diálogos.

E quanto mais, melhor...!

No fundo, esses leitores não deixam de estar certos.

O diálogo é essencial no desenvolvimento de todo e qualquer drama, ainda que esse diálogo não seja mais do que um *monólogo*, por mais paradoxal que possa parecer.

O diálogo é uma das maneiras mais simples e mais diretas que o autor pode utilizar para caracterizar seus personagens e é a forma mais elementar de mostrar suas emoções e reações.

Assim, podemos dizer que é perfeitamente justificável que um romance com diálogos tenha mais sucesso e venda muito mais do que um outro, que praticamente não os tenha.

Contudo, é preciso haver equilíbrio e o excesso de diálogos normalmente acaba por *esvaziar* a obra em sua profundidade filosófica e literária, tornando-a vulgar e, muitas vezes, simplória.

Como de hábito, *in medio virtus*.

Os diálogos, como tudo em um romance, precisam ter três qualidades essenciais: *pertinência, clareza* e *estrutura*.

a) Pertinência

O diálogo precisa estar perfeitamente adequado ao instante em que ele aparece. Essa adequação, necessariamente, será em todos os sentidos, ou seja, dentro do percurso de ação, ele precisa *pertencer ao momento, pertencer ao tema* e *pertencer à personalidade dos que estão dialogando*. Assim, por exemplo, não existe cabimento em um diálogo leve ou mesmo piegas entre dois personagens que estão vivendo um momento de grande tensão. Tampouco caberia, nesse mesmo momento, um diálogo sobre qualquer outro assunto que não pertencesse, de fato, ao determinado instante dramático. E, para finalizar, seria um desastre completo um diálogo, por exemplo, entre um ajudante de pedreiro e um professor de física quântica, em que o professor se comunica com o operário nos mesmos termos que usa em uma sala de aulas e... este o entende. Como se não bastasse, a linguagem desse ajudante de pedreiro estaria mais adequada na boca de um escritor ou, no mínimo, de um amante de literatura. Não estamos querendo dizer aqui que seja absolutamente obrigatório usar nos diálogos a mesmíssima linguagem que o personagem deveria utilizar, com seus erros gramaticais e vícios fonéticos. Muitas vezes isso fica difícil e acaba comprometendo o bom entendimento do que ele quis dizer. Porém, a linguagem dos personagens, quando transcrita para o livro na forma de diálogos, deve *tentar* se aproximar o mais possível da vida real e, nessa operação, incluir alguns erros e vícios não deixa de ser interessante e útil.

b) Clareza

Já por ser a linguagem essencial do drama, o diálogo precisa ser claro e de fácil entendimento por parte do leitor. Além disso, é preciso lembrar que o *diálogo é a reprodução escrita de uma conversa* e assim, como a conversa *normalmente* existe para que duas pessoas se entendam, ele *precisa* ser claro e explícito. Por isso, a menos que a *personalidade imposta* ao personagem assim o exija, devemos usar o menos possível palavras rebuscadas e evitar excessos de *estilismo* e erudição. O diálogo correto deve deixar transparecer as emoções dos personagens; e como em um romance não podemos contar com a *interpretação pessoal* do personagem, precisamos *injetar* nas palavras e frases dos diálogos que escrevemos essas emoções. Tarefa que, a bem dizer a verdade, não é nada fácil e que depende, antes de mais nada, do talento do escritor e, em segundo lugar, da boa estruturação do diálogo.

c) Estrutura

O diálogo precisa estar bem *marcado* no texto, *realmente chamando a atenção do leitor*. O travessão serve para isso e, pessoalmente, não aconselho o uso de aspas que, pude perceber em uma pesquisa particular que realizei em 1989, não são do agrado da imensa maioria dos leitores. Além disso, ainda no que diz respeito à *marcação* do diálogo, ele precisa estar sempre muito bem apresentado. Não tenham pruridos em escrever *fulana disse:, sicrano falou:, replicou beltrano:*. Por outro lado, tenham cuidado! Nos trechos de diálogos muito rápidos, essas indicações precisam ser usadas com cautela, pois o excesso traz indefectivelmente em seu bojo o risco de tornar o texto enfadonho e cansativo. Uma boa dica é jamais escrever diálogos rápidos *muito longos*. No máximo três falas de cada um dos personagens antes que um deles se alongue em alguma consideração mais aprofundada. Muitas vezes, colocamos a indicação do diálogo no meio da fala do personagem. É um procedimento muito bom e bastante aconselhável, que dificilmente cansa o leitor e, normalmente, consegue explicar e indicar muito bem a fala. Contudo, é preciso tomar cuidado para *não dar duas indicações durante a mesma fala*.

Tomemos como exemplo o seguinte diálogo:

Antes que minha esposa pudesse contestar, acrescentei:
— Pensei que você me conhecesse melhor, Simone! Imaginei que soubesse que eu vejo tudo isso como uma simples conseqüência de um trabalho intenso, muitas vezes insano e sempre terrivelmente exaustivo!
— Não falei o contrário, querido — defendeu-se Simone. — Apenas disse que você, justamente por causa desse trabalho intenso, insano e exaustivo, como a imensa maioria dos homens, está esquecendo que existem valores maiores do que aqueles que podem ser mensurados, medidos, quantificados!

Na segunda fala, o *defendeu-se Simone* é a chamada *indicação intercalada* e o que eu digo, um pouco acima, que seria errado, é a colocação de *mais uma* indicação intercalada nessa mesma fala.

O erro poderia ser assim:

— *Não falei o contrário, querido — defendeu-se Simone. — Apenas disse que você, justamente por causa desse trabalho intenso, insano e exaustivo — acrescentou ela, fazendo uma expressão séria —, como a imensa maioria dos homens, está esquecendo que existem valores maiores do que aqueles que podem ser mensurados, medidos, quantificados!*

O — acrescentou ela, fazendo uma expressão séria — está demais, pois já existe uma indicação intercalada nessa fala. Seria mais aconselhável e correto *abrir* uma nova fala.

Ficaria assim:

— *Não falei o contrário, querido — defendeu-se Simone. — Apenas disse que você, justamente por causa desse trabalho intenso, insano e exaustivo...*

Simone fez uma pausa e, com uma expressão muito séria, continuou:

— *Como a imensa maioria dos homens, você está esquecendo que existem valores maiores do que aqueles que podem ser mensurados, medidos, quantificados!*

Da mesma maneira, não é uma boa conduta, após uma indicação de fala, intercalarmos uma outra.

Vejamos um exemplo:

Aceitou o cálice de licor que o general lhe ofereceu e indagou:
— *Mas, isto está muito além de minha capacidade de compreensão! — exclamou. — Como é possível que os superespiões intermoleculares não tenham conseguido localizar a minha imagem?*
— *Não sei... — respondeu o general. — Porém, tenho cá comigo uma suspeita... E essa suspeita, se confirmada, estará já indicando que eu vou perder uma aposta.*

Observe-se que na primeira fala ocorrem dois erros crassos. Em primeiro lugar, na própria indicação, quando o narrador diz que alguém *indagou* e, na fala, a indagação aparece no final. Em segundo lugar, o *exclamou* está demais, seria uma segunda indicação na mesma fala.

O correto seria:

Aceitou o cálice de licor que o general lhe ofereceu e exclamou:
— Mas isto está muito além de minha capacidade de compreensão!
E, depois de provar o licor, indagou:

— Como é possível que os superespiões intermoleculares não tenham conseguido localizar a minha imagem?
— Não sei... — respondeu o general. — Porém, tenho cá comigo uma suspeita... E essa suspeita, se confirmada, estará já indicando que eu vou perder uma aposta.

Outro erro que é cometido com muita freqüência é a colocação de duas falas do mesmo personagem, uma imediatamente em seguida à outra, sem nenhuma explicação ou frase do narrador ou de qualquer trecho de narrativa em si.

Por exemplo:

Aceitou o cálice de licor que o general lhe ofereceu e exclamou:
— Mas isto está muito além de minha capacidade de compreensão!
— Como é possível que os superespiões intermoleculares não tenham conseguido localizar a minha imagem? — indagou.
— Não sei... — respondeu o general. — Porém, tenho cá comigo uma suspeita... E essa suspeita, se confirmada, estará já indicando que eu vou perder uma aposta.

A segunda fala do personagem que aceitou o cálice de licor precisaria estar separada da primeira por alguma coisa, por um acontecimento qualquer, por uma frase do narrador, enfim, por uma *marcação de alteração emocional* do personagem no momento em que vai dizer a segunda fala.

É o que acontece no diálogo abaixo:

Kurt ergueu a arma e apontou-a para a cabeça do coronel, dizendo:
— Não tenho alternativa, coronel... O senhor sabe demais. E, com um sorriso hipócrita, acrescentou:
— Na realidade, sinto muito ter de fazer isso... Até que o senhor foi um bom oficial...!

A modificação emocional está marcada pela frase *E, com um sorriso hipócrita, acrescentou:*, que também serve como separação de duas falas de um mesmo personagem.

Esse recurso de separação será muito convenientemente utilizado quando a fala do personagem é longa. A *quebra* serve para *cortar a monotonia* a que sempre estão sujeitos os monólogos em que se tenta desenvolver algum tipo de explicação mais aprofundada ou mais filosófica.

É o que sucede no seguinte texto:

Encaixei a indireta, omiti-me de argumentar que minha capacidade de entender as coisas era, talvez, um pouco superior à que ela estava me atribuindo e, mastigando meu pão, indaguei:
— E, à luz dessa sua dimensão extratemporal, como você explicaria essa diferença no tempo?
Simone ergueu os ombros com displicência e falou:
— Se tentarmos esquecer o fenômeno do tempo de duração de sua conversa com Leon e o tempo que eu percebi passar efetivamente, poderíamos pensar que você foi vítima de uma alucinação. Mas isso não aconteceu e temos provas: em primeiro lugar, o meu testemunho, em segundo lugar, a gravação e, por último, os dólares. Assim, seremos obrigados a aceitar que, de fato, ocorreu no mínimo um fenômeno que só pode ser explicado por um ângulo que nada tem a ver com os conhecimentos físicos, matemáticos e de lógica de que dispomos nesta dimensão temporal.
Simone tomou fôlego e prosseguiu, entusiasmando-se:
— Você pode ter sido carregado para outra dimensão, querido! E, nessa outra dimensão, o conceito de tempo, forçosamente, é diferente do nosso! Um minuto pode ser uma hora ou um século e uma hora pode ser apenas um infinitésimo de instante!

Meneei a cabeça em sinal de dúvida e Simone perguntou:

— Qual é a dimensão tempo para o pensamento? Quanto tempo demora um pensamento para se formar e se conscientizar?

Não respondi — mesmo porque não teria qualquer resposta a dar — e minha esposa continuou:

— Se Leon tem realmente a capacidade de exercitar a telepatia, ele pode ter injetado em sua mente uma porção de informações de tal modo que a você pareceu ter passado vários minutos, quando, na realidade, toda a operação não demorou mais do que alguns segundos...

Observe-se que, neste texto, Simone é quem fala mais e fala seguido. Para evitar um parágrafo excessivamente grande e que poderia se tornar cansativo para o leitor, foram executados *três cortes*, com três *modificações emocionais*, o que tornou o que seria um quase monólogo em um diálogo, e bem mais leve.

Conclusão

Aí está, em linhas gerais, o processo que utilizo para a criação de meus romances.

Que me perdoem os grandes entendidos, que me desculpem os professores de técnica literária.

Como todos puderam perceber, nas páginas precedentes, não há técnica alguma, há apenas a transcrição do resultado de minha experiência pessoal após escrever e publicar 1.035 livros.

Minto...

Com este, são 1.036.

Um número que me dá o direito de, se não teorizar sobre o assunto, no mínimo opinar e argumentar.

Foi isso o que fiz.

Emiti a minha opinião e espero, sinceramente, que aqueles que pretendem escrever um — ou muitos — romances encontrem neste livro algumas sugestões úteis e que lhe facilitem um pouco a árdua tarefa de transportar para o papel uma fantasia.

Gostaria de lembrar, mais uma vez, que jamais se deve escrever um romance — ou o que quer que seja — por mera vaidade pessoal ou por diletantismo.

Escrever é um trabalho dos mais duros e dos mais difíceis, não são todas as pessoas que têm coragem suficiente para enfrentar esse tipo de empreitada.

Justamente por isso, nós escritores merecemos a justa remuneração pelas horas passadas dedilhando febrilmente uma máquina de escrever ou um computador.

É obrigação nossa, portanto, fazer valer esse direito mais do que sagrado.

Fazer um bom contrato com o editor...

Levar o contrato — antes de assiná-lo, evidentemente — para um advogado e, só depois de tudo posto às claras, começar a trabalhar.

Ter disciplina.

Este é outro grande truque.

Como qualquer trabalho, o ato de escrever precisa estar disciplinado, programado, esquematizado.

E, é lógico, é preciso que o autor siga à risca essas normas disciplinares que se auto-impôs.

Tomar cuidado com a mente.

Jamais cair na tentação de verificar se é verdade que o álcool ou as drogas favoreçem o trabalho intelectual.

Isso é uma gorda mentira, no que pese o fato de Poe só ter conseguido escrever bêbado...

Como sempre, temos de lembrar que em tudo neste mundo há sempre a exceção que serve, antes de mais nada, para confirmar a regra.

Ser humilde...

Sei que vocês estão rindo.

Mas, mesmo dizendo que já escrevi 1.036 livros, ainda assim posso ser humilde.

E o sou, podem apostar!

Costumo afirmar — e de coração — que treinei durante 999 livros para poder aprender, pelo menos, o que não se deve fazer ao escrever um romance.

Não ser preconceituoso.

Não menosprezar os *pocket-books* e muito menos desprezar os *best-selleristas*, principalmente os estrangeiros.

Lembremos sempre que o objetivo de quem escreve um romance é vendê-lo, é sabê-lo lido por um grande número de pessoas.

Ou seja, é produzir um *best-seller*.

112

E é isso que desejo a todos os que se propõem a *criar* um romance.

Que produzam apenas *best-sellers*.

E que possam sentir a felicidade e o alívio da missão cumprida.

Uma palavra a mais:

O PRAZER DE ESCREVER

No que pese termos dito até aqui — e insistido — que o ato de escrever deva ser antes de mais nada algo predeterminado e visando principalmente ao que se chama vulgarmente de *ganho para a subsistência*, acontece muitas vezes que se deseja escrever algo unica e exclusivamente pelo... prazer de escrever.

As *regras*, se é que podemos denominar de *regras*, o que foi dito a respeito do *how to do*, são as mesmas e devem ser seguidas.

Não é o fato de estarmos escrevendo um livro — um romance, no caso — apenas para *pôr para fora* uma boa meia dúzia de sentimentos, sem a pretensão que ele venha a se tornar um grande *best-seller*, que nos permite deixar de lado, por exemplo, uma pesquisa cuidadosamente elaborada.

Muito pelo contrário.

Creio que o *escrever por prazer*, mais do que qualquer outro motivo de se escrever, implica a necessidade de *fazer bem-feito*.

Daí a pesquisa obrigatoriamente precisar ser cuidadosa ao extremo, daí a estruturação da obra precisar ser verdadeiramente *lapidada*.

Não se costuma dizer que *quem cozinha é quem come melhor*? Com suas devidas ressalvas, esse dito vale perfeitamente para quem escreve. Aquele que escreve, escreve porque gosta de ler; e quem o faz *por prazer*, obviamente, estará exigindo de sua própria escrita o máximo possível de prazer na leitura.

Assim, não poderíamos deixar de mencionar, neste nosso trabalho, aqueles escritores — ou futuros escritores — que não têm nenhuma intenção — ou nenhuma necessidade — de *estourar* nas vendas.

O próprio Monteiro Lobato, quando escreveu *Urupês*, ou mesmo Joyce, quando fez aquela obra maravilhosa chamada *Ulysses*, nem sequer sonhavam com os números fabulosos que acabaram conseguindo com as vendas de sua literatura.

E, no entanto, podemos dizer com tranqüilidade que são obras irrepreensíveis e pobre do crítico que tentar erguer sua voz contra esses dois autores...

Aliás, esses dois e mais uma enorme penca de outros que também produziram obras fenomenais e que em nenhum instante pensaram — como eu sou obrigado diariamente a pensar — na parte *comercial* da produção.

Na verdade, bom seria se todos nós, os que lidamos com as palavras escritas, pudéssemos prescindir dessa terrível e tão desalentadora faceta que é a necessidade de sobreviver do que fazemos...

Sem a menor sombra de dúvida, teríamos condições de escrever muito melhor, de produzir obras muito mais profundas e, possivelmente, *mais eternas*, como as de Joyce e Monteiro Lobato.

Ou de Jorge Amado, Ignácio de Loyola Brandão, João Ubaldo Ribeiro ou Dias Gomes.

Não estou querendo dizer, com estes exemplos, que os autores citados não *precisem* escrever para sobreviver. Acontece que, no caso deles, ilustres representantes da mais alta nata intelectual brasileira, a dita *necessidade* assume um outro aspecto: deixa de ser uma necessidade material para se tornar uma *necessidade espiritual* ou *intelectual*. Jorge Amado, se não tivesse escrito *Navegação de Cabotagem*, provavelmente não teria no seu sorriso a plenitude de satisfação e felicidade que podemos ver. O mesmo se diga do João Ubaldo, quando escreveu *Salve o Povo Brasileiro*... Se não o tivesse feito, muito possivelmente seu sorriso de *gato malandro* não teria o mesmo brilho. E — para citar um outro escritor — Chico Buarque, quando escreveu *Estorvo*, achava que, se não o fizesse, estaria traindo a si mesmo, estaria *roubando da própria alma* um pedaço muito importante de seu ser.

Na verdade, estariam, todos eles, *roubando* de nossa intelectualidade e de nossa vivência intelectual momentos dos mais prazerosos no que diz respeito à leitura.

E essa deve ser a meta de todo e qualquer escritor...

Dar prazer.

Proporcionar ao grande público o prazer de ler, de viajar em suas fantasias, de se sentir realizando sonhos através das letras jogadas — artisticamente — sobre uma folha que, sem a existência do escritor e sem a sua boa vontade, jamais deixaria de ser um mero pedaço de papel em branco.

Sim...

Muito bonito, tudo isso.

Porém...

É incrível como sempre há um porém em tudo, para atrapalhar nossas teorias...

Porém, depois de tudo quanto dissemos, ficamos com a impressão de que há dois tipos distintos de escritores e, conseqüentemente, duas maneiras completamente diferentes de se encarar a produção literária.

Até pode ser verdade...

Há os escritores que *sobrevivem do que escrevem* — o meu caso — e que precisam pensar em sua capacidade criativa como uma verdadeira ferramenta de trabalho, e há os que não necessitam, para sobreviver, para comprar o pão-nosso-de-cada-dia, dos proventos advindos de sua escrita.

Não se pode negar essa evidência, mas, ao mesmo tempo, não se pode negar que o processo de criação e todos os seus cuidados e exigências têm de permanecer os mesmos.

Não é porque vamos escrever um livro dos chamados *literatura de consumo*, que vamos deixar de caprichar nas informações, no estilo, na estruturação, na escolha dos *plots*, dos personagens e de tudo o mais que acabam por constituir o Universo da Criação de um bom livro. Talvez seja conveniente lembrar, aqui, que este livro está sendo direcionado para um tipo especial de leitor que, antes de mais nada, é muitíssimo exigente. Assim, se ele não for bom, não vai vender e, se for excessivamente *matado*, nem sequer será capaz de comover o editor.

E, já sabemos disso, sem editor não há livro e o escritor dito *profissional* precisa do editor tanto quanto o corpo precisa do sangue. Caso contrário, por que diabos o próprio autor não investiria em sua obra?

O simples fato de ser um *profissional da escrita* já o põe em uma condição material tal que é impossível ter o suficiente para investir em si mesmo.

Já a segunda categoria de autores, ou seja, aqueles que, mais bafejados pelo hálito perfumado da deusa Fortuna, não necessitam do que por direito têm a receber da venda de seus livros, as coisas podem ser consideradas de maneira um pouco diferente.

Eles, certamente, disporão de muito mais tempo para cada uma de suas obras, poderão até mesmo investir materialmente em pesquisas mais aprofundadas e, é o que se imagina, não precisarão, em momento algum, *dicotomizar* seu raciocínio, gastando tempo e energias com problemas tais como o aluguel, a prestação do carro, a conta da padaria ou da farmácia...

Essa tranqüilidade praticamente leva à obrigação de se executar uma obra absolutamente perfeita.

Responsabilidade maior, não é mesmo?

Pois, digo-lhes de coração, é muito justa...

Se a Fortuna nos beijou, com certeza nos impôs a obrigação da retribuição. E esta é dada na forma de um bom livro para o público leitor...

Impresso na
**press grafic
editora e gráfica ltda.**
Rua Barra do Tibagi, 444 - Bom Retiro
Cep 01128 - Telefone: 221-8317